세상에
소중하지 않은 삶은
단 하나도 없다

나를 소중히 여기고 싶어 하는 당신에게   글   남궁승현

세상에
소중하지 않은 삶은
단 하나도 없다

PROLOGUE

 내 모든 지난날에, 내가 기억하는 추억에는 어느 것 하나 아름답지 않은 것이 없었다. 그날의 공기, 풍경, 장소, 마주했던 사람들, 지났던 골목 어귀마저. 어느 것 하나 특별하지 않은 것 없던 모든 아름다운 내 기억 속에는 얼룩이 존재한다. 이를테면 전혀 반갑지 않은 미운 인연들이나 뜻하지 않게 받아낸 상처들처럼. 덕분에 내 추억은 얼룩덜룩한 기분이다. 아름다운 기억으로 다정한 추억으로 간직하고 싶은 사랑스러운 나의 과거엔 얼룩진 나날들도 존재한다. 얼룩덜룩한 추억을 가지고 살아가는 기분이란 꽤 씁쓸한 삶으로 추락시키기에 충분했다. 우울의 구렁텅이에 빠지기 수월하기도 했고, 남들보다 자기연민을 즐기기도 쉬웠으니.

 특별할 것 같았다. 내가 어른이 된다면, 내 삶을 제대로 누리지도 못했는데 그렇다고 부모님께 효도 한번 제대로 못 해드렸다. 난 누구를 위해서도 제대로 살지 못했다. 제멋대로인 나만의 삶을 누리지도 않았으며 그렇다고 온전히 부모님을 위해 희생하는 삶을 살아드리지도 못했다. 내 어른의 나날이 이토록 무미건조하고 보잘것없을 줄은 몰랐다. 현실은 그저 지독한 고뇌와 충돌, 그리고 인내와 합리화, 버팀의 연속이었다. 결국, 버티는 자가 이기는 것이고, 고단한 날을 뒤로한 채 엷은 미소를 지어 보일 수 있는 사람이 승리자인 것일까. 그렇다면 내 기대와는 달리 너무도 특별할 것 없는 게 삶이 아닌가.

늘 이성적이길 바라는 사람이라 술도 마시지 않는다. 하지만 때로는 이성적인 사람이 더 온전치 못하게 보이는 때가 더러 있는 것 같았다. 내가 가진 마음만큼, 잘 살고 싶은 의지만큼이나 내 뜻대로 되지 않는 일들 천지인 게 세상이었다. 나는 외향적이지만 소심한 사람이라 내 관심이 깊게 자리하는 곳엔 결국 상처를 얻어 되돌아오기 십상이었다. 인간관계에서도, 사회에서도, 가까운 주변에서부터 넓게는 세상이 돌아가는 모습마저도 비정상적이고 비이성직인 일들이 부지기수인 이 세상에서 제정신만 붙들고 살기에는 세상은 너무 비인간적인 것 같았다. 조금씩은 미치며 사는 것도 살아내기 위한 하나의 방어기제일 거라 생각한다.

사람을 사랑했지만 배움으로 외로움을 채우는 삶을 살아가려 한다. 부모로부터 얻어 한 번 사는 인생, 적어도 부모님께 만큼은 보답하고 싶은데 나는 아직 아무것도 해드린 것이 없다. 나는 이미 지칠 대로 지쳐버렸지만, 아무것도 가진 것이 없는 게 억울해서 오늘도 살아야겠다.

7
PROLOGUE

목차

4 | PROLOGUE

#1 팔삭둥이 어른

14 | 달지 않은 걸 어떻게 달다고 해
16 | 보잘 것 없는 모래알
18 | 좋은 사람
21 | 작은 거인
23 | 공기의 냄새
26 | 무너지는 하루
28 | 다툼에 애를 쓰지 않는 이유
31 | 어차피 미움받을 거면, 그냥 같이 미워하자
34 | 감정 기복
37 | 틀린 게 아니라 다른 거다
40 | 모순〔矛盾〕
43 | 비교
46 | 같은 하루, 다른 세계
48 | 편한 대로 생각하기
50 | 청개구리의 삶
54 | 선천적으로 느린 아이
56 | 스스로를 말려 죽이기
57 | 드러나지 못한 고통
58 | 누구랑 싸우는 걸까
61 | 순간
63 | 어른이 되지 못한 이유
65 | 애늙은이
68 | 부정적 객관화, 긍정적 합리화
70 | 생각의 환기
73 | 습관적 불행인
76 | 악플러
80 | 아버지의 가르침
83 | 이미 망한 인생

#2 내 결혼식에는 몇 사람이나 올까

- 92 | 친구가 많았던 사람
- 95 | 소문은 소문일 뿐
- 97 | 자동문
- 98 | 관계를 재단하는 일
- 101 | 오해와 인식
- 103 | 내가 생각하는 사랑은 원래부터 아름답지 않았다
- 106 | 좋아하는 법
- 108 | 찰나의 사랑이
- 110 | 대화가 필요해
- 112 | 누구를 탓할 수 있겠어
- 115 | 말 한마디
- 118 | 어떤 친구
- 121 | 내 결혼식엔 몇 사람이나 올까
- 124 | SNS는 컨셉
- 127 | 아웃사이더
- 131 | 지나친 관심은 관계를 시들게 한다
- 133 | 모르는 척
- 135 | 사랑의 정의는 책임감
- 138 | 온도 차이
- 140 | 대화의 방법
- 142 | 기다려주세요
- 143 | 자존감이 낮은 사람
- 146 | 마음껏 울고, 소리치고, 구차해지며, 사랑해보라
- 149 | 힘든 연애를 한다면, 어쩌면
- 152 | 재회
- 153 | 같이할 가치
- 154 | 혼자일 때 더 나다울 수 있음을
- 157 | 사랑받고 싶었을 뿐이야
- 159 | 보상심리

#3 걱정이 많아서 걱정인 당신에게

166 | 선택
168 | 영원히 어른은 없다
170 | 인생이라는 여정에
172 | 동화가 망쳤다
173 | 오리는 날 수 없다
175 | 꿈과 현실 사이의 괴리감
179 | 자존감과 자기합리화
182 | 노인과 어른
184 | 누구에게나 아이가 있다
187 | 처음부터 우울한 사람은 없어
193 | 건강염려증
197 | 불안
199 | 걱정 내려놓기

202 | 착각
204 | 성공한 삶
206 | 나빴는데 어떻게 추억이래
208 | 나잇값
210 | 행복
212 | 적당함의 미덕
216 | 배부른 철학, 가난한 핑계
221 | 당신이라는 나무를
224 | 위로의 방법
226 | 소중한 마음을 지켜 이룰 수 있기를
229 | 선녀와 나무꾼
233 | 사랑스러운 사람아

236 | EPILOGUE

1

팔삭둥이 어른

달지 않은 걸 어떻게 달다고 해

톨스토이는 영화 안나 카레니나에서 "행복한 가정은 모두 엇비슷하고, 불행한 가정은 모두 제각각의 불행을 안고 있다."라는 대사를 통해 우리는 항상 많은 것을 갖추거나 가졌음에도 한가지의 불안 또는 불만족으로 인해 결국 불행을 초래하고는 한다는 의미를 전하고자 했습니다. 아마 우리는 모두 행복해지기 위해서 오늘을 살아내고 있을 테지요.

하지만 오늘 행복하기 위해서 내 삶을 온전히 즐기려고 할수록 놓아야 할 것들은 많아집니다. 매 순간을, 그 시기를, 이 계절에 맞게 만개하는 꽃들이 있듯 그 시절 그때 누릴 수 있는 또는 누려야 할 것들이 참 많습니다. 놓치고 살자니 살아감의 즐거움을 만끽하기 힘들고, 즐기며 살자니 놓칠 수밖에 없는 것이 생겨나기 마련인 불운의 반복 속에서 우린 늘 고민합니다. '어떻게 살아야 잘 사는 것일까', '어떻게 해야 조금은 덜 괴롭고, 힘들고, 행복해질 수 있을까.'

우린 한평생 계속해서 크고 작은 생채기를 얻고 버리고 싶은 기억을 떨쳐내지 못한 채 살아가기도 합니다. 그러다 보면 행복은 동화 속에서나 어울릴 법한 먼 이야기로 점점 더 멀게만 느껴질지도 모릅니다. 누군가는 행복을 대수롭지 않게 그저 배부르고 등 따시면 그게 최고라고 이야기하던데, 그것도 어디까지나 스스로의 마음이 편안할 때 해당되는 이야기 아닐까 싶어요.

그런 의미에서 어쩌면 제가 가장 부러워하는 이들은 아무 걱정이나 고민 없이 그저 단순하게 하루를 즐길 줄 아는 사람들일지도 모르겠습니다.

행복: 두둑한 통장, 훌륭한 요리사, 그리고 소화력.

-장 자크 루소-

▌ 보잘 것 없는 모래알

사람들 사이에서 많은 인고의 시간을 버티면서 생각도 많고 감정이 짙은 나로서는 괴로움에 잠 못 이루는 날들이 많았었다. 내가 좋아했던 사람, 내가 싫어하는 사람, 내가 믿었던 친구, 나를 믿어준 친구. 옷깃만 스쳐도 인연이라던데, 그 많은 인연을 모두 헤아리고 신경 쓰며 살아왔다. 그들에게 상처 주고 싶지 않았고 그만큼 나도 상처받고 싶지 않았다. 그런데 그런 노력과 마음은 무산되기 일쑤였고, 이제는 너무 지쳐버렸다. 내 삶의 가치가 그들에게서 인정받고 존중받는 데에 치우치다 보면, 정작 내가 뭘 좋아하고 어떤 사람인지 나의 색을 잊는 것 같았다.

주변에 사람이 많은 사람. 누가 봐도 좋고 편안한 사람.

그들에게선 색이 없는 무채색에 가깝다는 느낌을 받았다. 만약, 쿨

한 사람은 파란색, 부정적인 사람은 검은색, 평화로운 사람은 초록색, 열정적이고 사나운 사람을 빨간색이라 친다면 내 색깔은 빨강에 가깝지 않았을까. 물처럼 누구나 동요될 수 있는 무채색이 되기보다는 나만의 색을 가진 사람으로 살아가고 싶다. 비록 혼자가 어울리는 색의 사람이 될지라도.

모래밭의 모습은 갈색 또는 흑색에 가깝다. 수많은 모래알이 한 데 뭉쳐서 섞여 있는 모습을 보고 있자면, 그 가운데서 군데군데 빛이 나는 모래알들도 보이지만 결국은 그래봤자 그저 수많은 모래알일 뿐이다. 그러나 뜨거운 태양을 홀로 독립적으로 마주한 모래알 하나는 금빛으로 빛난다. 그러니 혼자여도 괜찮다. 어쩌면, 혼자일 때 우리는 더 빛이 날지도 모른다.

좋은 사람

 좋은 사람은 대체 어떤 사람이기에 사람들은 늘 좋은 사람을 운운하며 좋은 사람이 되기 위해 그토록 안간힘을 쓰는 걸까. 알 수 없지만 이해가 될 것도 같았다. 나도 누군가에게 좋은 사람이 되기를 자처하던 날이 있었으니 말이다.

 이왕이면 누구에게도 밉지 않은 사람이 되고 싶은 것이겠다. 내가 사랑하는 이들에게 사랑받는 존재로 자리하고 싶은 것. 하지만 현실적으로 좋은 사람이란 도대체 어떤 사람인지 그 누구도 함부로 쉽게 정의할 수가 없다. 사람들에게 좋은 사람의 정의란 때로 그가 정말 좋은 사람이 아니라 '나에게 좋은 사람일 때 좋은 사람'이 되기도 하고, 모두에게 좋은 사람인 것만 같은 그가 내게는 절대 '좋은 사람일 수가 없기도' 하니까.

 사람은 자신의 삶이 풍족하고 행복한 순간에 누구와 함께해도 즐겁고 타인의 모든 면모를 느슨하게 바라볼 줄 알며 스스로가 가진 여유만큼이나 상대를 호의적으로 느끼기가 쉽다. 반면 자신의 삶이 궁핍하고 마음이 결핍된 상태에서는 누구도 좋은 사람으로 느끼기가 쉽지 않을 것이다. 친구들도 좋은 친구가 아닌 것처럼 느껴지고, 파트너도 좋은 파트너가 아닌 잘못 지어진 짝 같고, 부모님도, 연인도, 학교도, 사회에서도, 이 세상 모든 사람이 좋은 사람으로 느껴질 리가 만무하다.

역설적으로, 나 또한 모든 사람에게 좋은 사람일 수가 없다는 것을 인정해야 한다. 내 마음이 지고지순하고 애달프니 특정한 '너'에게만 좋은 사람이 되기도 힘들다. 내가 심신을 다해 노력한다고 해서 그가 나의 모든 면모를 좋은 사람으로만 받아들일 거란 보장도 없으니 말이다.

좋은 사람이란, 나부터 나를 존중하고 진심으로 자신을 사랑할 수 있는 사람이다. 이 말은 충분한 자존감을 전제로 하기도 하고, 내가 나를 사랑할 수 있을 때 모두 또는 누군가 한 사람이라도 나를 사랑할 수 있다는 가능성을 내재한다. 아무렴, 아무도 나를 사랑 안 해주면 어떤가, 내가 나를 사랑하는데. 그러니 나는 내가 먼저 나에게 좋은 사람이면 된다.

진정한 좋은 사람이란,
'내'가 '나'에게 좋은 사람이 되는 것.

"내가 나를 좋아할 수 있을 때"

작은 거인

우리는 곳곳에 퍼진 작은 사람들입니다. 구태여 목소리를 내기 전까진 누구도 쳐다봐 주지 않고 알아봐 주는 이 없는 아주 작은 각개 하나의 존재들. 하지만 목소리를 내는 순간 우리는 충분히 많은 사람에게 인정을 받거나 공감을 얻을 수 있는 거대한 영향력을 지닌 사람입니다. 말하기 전엔 몰랐으니까요, 그도 나와 같다는 것을. 얘기하기 전엔 몰랐잖아요, 이런 사람인 줄은.

우린 어쩌면, 작은 거인일지도 몰라.
목소리를 내지 않는다고 해서 내 존재가 무의미한 것도 아니고,
영향력이 크지 않다고 해서 영향력이 없는 것도 아니니.

공감

거인은 사실 커다란 사람이 아니었다.
아주 작은, 그러나 누구와도 동요될 수 있는
아주 작은, 하찮은, 평범한 존재가
가장 두려운 존재이자 거대한 존재였다.

공기의 냄새

 저는 어릴 때부터 공기의 냄새를 아주 좋아했어요. 8살 때 어머니와 동생과 살던 원룸 앞 공원 놀이터에서 시간 가는 줄 모르고 놀다 보면 어느새 해가 저물 때쯤 어서 집에 오라는 어머니의 불호령을 듣곤, 아쉬움에 그네를 좀 더 흔들어 타며 맡곤 했던 해가 뉘엿뉘엿 저물던 저녁 놀이터의 공기 냄새.

 학창 시절 친구들과 교복을 입고 몰려다니며 늦은 저녁 무렵까지 딱히 아무것도 하지 않으면서도 아파트 놀이터나 공원에 그저 모여 앉아 실없이 떠들며 집에 들어가기 아쉬워 보내던 그 시간, 그리고 그때 맡았던 그 공기의 냄새.

 해는 바뀌었고 나이는 다르지만, 여전히 저는 그 시절 그 무렵에 맡았던 공기의 냄새를 기억합니다. 그래서 비슷한 공기를 맡을 때면 여전히 그 시절에 머무르는 것 같아 추억할 수 있음이 문득문득 감사히 느껴지는 순간이 있습니다.

이상하게도 20살 이후부터는 기억에 남는 공기의 냄새가 없어요. 제 나이는 벌써 어리다고 하기엔 늙었고, 늙었다고 하기엔 젊은 시점에 와 있습니다. 나이를 생각하자니 밖에 나가서 걸음 한번 마음껏 하기조차 민망할 따름인걸요. 나는 아직도 눈이 오면 어린아이처럼 뛰어놀고 싶고, 비가 오면 누구의 눈치도 볼 것 없이 비를 맞고 서 있고 싶을 때가 있는데 말이에요.

얼마 전 '마녀를 잡아라'라는 영화를 보는데, 극 중 주인공의 할머니 역을 맡은 배우 옥타비아 스펜서는 이런 말을 했어요.

"삶은 우리 모두를 바꿔놓지. 이 할머니를 보렴.
나이를 아무리 먹어도 난 아직 소녀 같은 기분이란다.
내면의 진정한 너 자신을 절대 포기하지 말렴."

그래서 그러기로 했어요.
내가 먹고 싶으면 먹고, 쉬고 싶으면 쉬고,
자고 싶으면 자고, 하고 싶은 거 하게 해주기로요.
누구보다 나를 이해하고 아껴줄 사람은
나 한 사람밖에 없을 테니까요.

무너지는 하루

모든 걸 다 내려놓고 싶은 날이 있어요. '내 인생은 왜 이럴까'부터 시작해서 이미 꼬일 대로 꼬여버린 일도 많고 해결이 어려운 일도 있고 잘 해보고 싶지만, 뜻대로 되지만은 않는 일들이 너무나도 많아서 나를 너무 옥죄는 느낌이 드는 것이죠. 그러다 보면, 다시 태어나고 싶다거나 혹은 모든 걸 포기해버리고 싶다는 생각을 하게 되는 날이 있습니다.

하지만, 곰곰이 생각해보니 내가 경험하지 않은 것에 대한 선택권이 다시 내게 주어진다면 아마도 변함없을 것 같다는 생각이 들어요. 가보기 전엔 몰랐잖아요, 잘못될 것을 알면서도 그 길을 걸었더라면 후회라는 감정이 이리도 짙게 남지는 않았을 테니.

그러니 행여 과거가 조금 후회되거나 부끄럽다고 해도, 누군가에게 말하기 어려운 잘못이 있다고 해도, 스스로 자책감이 든다고 하더라도, 원망스럽고 미운 존재들이 있다고 하더라도. 지금보다 더 잘못됐을 수도 있으니 지난날의 잘못을 너무 자책하거나 누군가를 짙게 원망하며 불행한 삶을 자초하지는 않았으면 해요.

내가 삶을 조금은 잘못 살았다는 생각이 들지라도, 남은 인생을 참회하며 다시 힘내서 열심히 살아가야죠. 사람들은 내 잘못에 대해 냉정할 테지만, 나 스스로는 나 자신의 삶에 관대할 필요가 있습니다. 나에 의한 나를 위한 한 번뿐인 삶이니까요.

다툼에 애를 쓰지 않는 이유

 타고나기를 오목조목 따지기를 좋아하는 성격 탓에 저는 아주 어려서부터 논쟁하는 것을 좋아했습니다. 그 때문에 어려서부터 '애어른'이라는 표현을 익히 들어오기도 했을 만큼 나이가 지긋하신 어른과의 토론도 막힘없이 하고는 했었어요. 전하고자 하는 요지를 논리정연하고 일목요연하게 설명하기를 참 좋아했습니다. 아니, 그보다도 내 생각이 상대방에게 통했고 그것을 인정받고 존중받았다는 느낌을 받았을 때 얻는 무언지 모를 쾌감을 무척이나 좋아했습니다. 누군가에겐 참 피곤한 스타일이었을 지도 모르지만 말이에요.

 가족, 친구 그 밖의 모든 사람에게 내 생각이 합당하다는 것을 인정받는 기분은 참 즐거웠거든요. 그런데 어느새 누군가와 입씨름하는 자체가 의미 없다는 것을 알게 되었어요. 사실 살아보니 세상 모든 것은 태초부터 달랐습니다. 내가 아무리 말을 잘하고 논리적으로 잘 설명한다고 하더라도, 그건 오롯이 내 생각일 뿐이었으며 나아가 애초부터 나와 다른 모든 사람이 내 생각을 인정해주거나 깊게 동요하기란 결코 쉽지 않은 일이었습니다. 내 생각을 인정해주거나 받아들여 주었다는 것은 그저 나를 좋아해 주던 사람들이거나 나로 인해 무언가가 상생할 수 있기에 불가피하게 인정해주던 사람들이었을지도 모르는 일이었습니다.

앞에선 내 얘기에 귀를 기울여주고 나를 인정해주면서도 뒤에선 나를 험담하는 수도 있었고, 한 귀로 듣고 앞에서는 내가 옳다거나, 맞는 말이라며 치켜세워주고는 사실은 내 얘기를 조금도 귀담아듣지 않았을 수도 있습니다. 내가 옳아서. 내가 맞아서. 나를 인정해주고 치켜세운 것이 아니라는 이야기입니다.

지금은 옳고 그름이 아니라 다름만이 존재한다는 사실을 인정하고 나니, 모든 논쟁에서의 다툼은 그저 의미 없는 감정 소모와 입씨름에 불과하다는 사실이 더는 모두와의 대화에서 내 의사를 논리적으로 설명할 의지를 잃게 했습니다. 안 맞으면 피하는 편이 가장 속 편하더라고요.

그러니 나를 잘 모르거나,
나에 대해 깊이 알고 싶어 하지 않는 사람들에게
나를 알아달라고, 내 생각을 들어달라고,
꾸역꾸역 붙들고 설명할 필요가 없습니다.

그저 '나와 다른 결을 가진 사람이구나.'
아무리 노력하고 어필해도 그와 나는 같아질 수 없다는걸,
언제나 내가 인정받거나 존중받기 힘들지도 모른다는 걸
깨닫는 순간 인간관계가 훨씬 쉬워졌습니다.

어차피 미움받을 거면, 그냥 같이 미워하자

나는 싸움은 싫고, 상처받는 건 더 싫어하는 사람이라서 누군가가 나를 미워하는 일이 생긴다면 그 일에 내내 마음이 쓰이곤 했었다. '내 잘못일까…?' '아니, 그래도 나한테 그렇게까지 할 일은 아니잖아?' '아무래도 내가 잘못한 거겠지?' 어느새 내가 받은 상처는 당연한 듯 감내하고 잊어버린 채, 내가 그들에게 한 잘못이 얼마나 큰지를 밤새 헤아려보고 생각하고 또 생각하는 밤이 많았다.

내가 미움받는 사람이 되는 것을 좋아할 리도 없겠지만, 그에게 본의 아니게 상처를 준 게 아닐까 하는 생각은 더더욱 나를 괴롭혔다. 그래서 후회와 자책도 많이 했었다. 그런데 생각해보니, 내게 잘못이라면 잘못이다, 실수했다면 실수했다와 같은 말도 하지 않는 사람을 보며 혼자 쓸쓸히 자책하고 헤아려보는 일은 아무짝에도 쓸모없는 일이었다. 나는 정말 미련한 사람이었다.

물론, 사람과 사람 사이에서 나를 미워한다거나 싫어하는 일이 생겼다면 내게도 일말의 잘못은 있을지도 모른다. 그러나 적어도 나와 더는 대화를 시도하거나 관계 회복을 위해 나만큼이나 노력할 생각이 없는 사람에게 내가 백날 성찰하거나 회고한다고 해도 그것은 차라리 집에서 치킨 한 마리 먹으며 영화 한 편 보는 것보다도 내 인생에 의미 없는 일이었다.

그냥 간단하게 생각하기로 했다. 나는 나를 좋아해 주는 사람들을 좋아하지 않을 이유가 없고 나를 싫어하거나 미워하는 사람들을 내가 좋아해야 할 이유도 없다고. 나를 싫어하는 사람은 나도 똑같이 싫어해 주면 되고 나한테 함부로 한다면 나도 그래 주면 된다. 누군가 날 무시한다면 똑같이 무시해주면 되는 거였다.

이유야 어찌 되었든, 이젠 나를 미워하는 사람이라면 나도 같이 미워해 주기로 했다. 나는 나를 미워하는 사람들까지 내가 감싸 안아 줄 포용력 따윈 갖추지 않은 사람이라는 걸 인정하기로 했다. 나는 마음이 넓지도, 완전하지도 않다는 것을 인지하니 마음이 한결 편했다. 조금은 단순하게 살아야겠다는 생각을 한순간이었다.

미움받는 것에 움츠러드는 사람으로 살 바엔,

차라리 미워할 줄 아는 조금은 독한 사람이 되려고 한다.

감정 기복

저는 감정 기복이 심하다고 생각하는 사람 중에 한사람입니다. 그래서 실제로 굉장히 힘들기도 하고, 좋은 기분이 때로는 두렵다는 느낌마저 들 때도 있습니다. 기쁘고 즐거운 감정 뒤에 다시 또 힘들고 울적한 기분이 들까 봐서 말이죠.

제 스스로의 감정 기복 때문에 늘 '나는 감정 기복이 심한 사람이야. 이 유별난 성격 때문에 스스로 힘든 거고, 남들도 힘들게 할지도 몰라' 같은 생각을 하곤 했었습니다. 그런데 이러한 과정이 당연한 결과가 아닐까 싶은 마음이 들었습니다. 사람은 일종의 '현자 타임'을 겪습니다. 절정에 다다르고 난 뒤에 오는 회의감 비슷한 감정이라고 합니다. 그렇다면 내가 행복하고 황홀한 순간을 맞이한 다음의 감정은 약간의 하락세를 타기 마련이라는 이야기입니다. 기쁘고 즐겁고 행복한 순간을 유지하려면 계속해서 더 나은 기쁜 일이 생겨야만 합니다. 하지만 그러기는 정말 쉽지 않지요. 그러다 보니 일종의 약물에 의존하는 사람들도 생겨나지 않나 싶어요. 내가 기쁜 순간을 느꼈다면 그다음으로 감정이 처지는 것은 당연한 결과입니다. 우리는 그걸 우울감이나 힘들고 슬픈 감정으로 느끼기에 십상인 거죠. 반면에 우울한 감정이나 힘든 감정을 가진 사람은 작은 횡재나 행복에도 쉽게 반응합니다. 작은 일도 큰 기쁨으로 누릴 줄 알거든요.

우리는 늘 당연하게 좋지 않은 기분과 힘든 일상을 계속 마주해야 할지도 모릅니다. 그 과정에서 때로는 좋은 일을 만나기도 할 거고, 기분 좋게 하는 사람을 마주하기도 할 테지요. 기쁜 감정 뒤에 슬픈 감정을 느끼는 것. 행복한 감정 뒤에 우울한 감정을 맛보는 것. 어쩌면 이 모든 일이 지독히도 당연한 일일 지도 모른다는 생각이 들었습니다. 그러니 우린 너무 깊은 우울함이나 어둠의 늪에 빠지지만 않으면 됩니다. 무엇이든지 깊은 슬픔이나 우울감에 빠지게 되면 그 텐션을 다시 적정 범주까지 끌어올리기가 쉽지 않거든요.

얼마 전 우연히 보았던 한 드라마에서 극 중 매일 밤 악몽을 꾸는 소년은 행복하고 싶으니 고통스러운 기억을 지워달라며 마녀에게 영혼을 팔았습니다. 하지만 고통스러운 기억을 지운 소년은 조금도 행복해지지 않았는데요. 영혼을 거두러 온 마녀에게 소년은 물었습니다. 고통스러운 기억을 지웠는데 어째서 나는 행복해지지 못 했느냐고 말이죠. 그러자 마녀는 이렇게 답합니다.

"아프고 고통스러웠던 기억, 처절하게 후회했던 기억, 남을 상처 주고 또 상처받았던 기억, 버림받고 돌아섰던 기억… 그런 기억을 가슴 한구석에 품고 살아가는 자만이 더 강해지고, 뜨거워지고 더 유연해질 수가 있다. 행복은 바로 그런 자만이 쟁취하는 거야. 그러니 잊지 마. 잊지 말고 이겨내. 이겨내지 못하면, 너는 영혼이 자라지 않는 어린애일 뿐이야."

힘들어 본 적이 없는 사람은 행복해질 자격이 없을지도 모르겠습니다. 힘들어해 본 적이 없기에 행복해지는 법을 모를 테니까요.

틀린 게 아니라 다른 거다

 사람은 적응의 동물이라고 한다. 자주 접하는 것에 익숙해지고, 능숙해지게 된다. 대개 나이 든 어른들이 아플 때 저마다의 민간요법을 하나씩 가지고 있는 것처럼 누구나 본인이 처한 환경에 익숙해지고 자신이 하는 행동이 옳다 믿으면 보다 능숙해지기 마련이다.

 살다 보면 모두가 "예"를 외칠 때, 나 혼자 '아니'라는 생각이 들 때도 있다. 그건 내가 잘못됐거나 틀린 게 아니라, 그 사회에 내가 익숙하지 않거나 나와는 다른 사회라고 생각하면 된다. 나와 맞지 않다면 이제 선택할 수 있는 방법은 두 가지다.

 다름에도 불구하고 내가 정말 원하는 사회라면 앞으로 그곳에 적응해나가며 그 세계에 맞추어 가면 된다. 그럼 나도 결국 그런 사람이 된다. 영화 「아바타」에서는 인간이 '나비족'에 들어가 그 종족의 일원으로 인정받고 싶어 하며 영화가 전개된다. 분명 처음엔 외계인 취급을 받았고, 익숙한 문명의 그들 속에서 주인공은 그저 다르고, 틀린 존재로 치부된다. 그러나 주인공은 결국 그 세계가 본인이 원하는 세계라는 것을 인지하고 그 세계에 맞는 사람이 되기 위해 노력한다. 그렇게 마지막엔 그 사회의 일원으로 다시 태어나며 영화는 끝이 난다.

그런 노력을 감수하고 억지로 맞춰갈 만큼 내가 원하지 않는 사회라면, 나와 맞지 않는 세계에서 도망치면 된다. 억지로 맞지 않는 옷을 입으며 자신을 고문할 필요가 없다는 게 내 생각이다.

어쩌면, 나도 누군가에게는 그들과 다른 존재처럼 보이고 내가 생각하고 말하고 행동하는 모든 게 틀린 것으로 보이는 사람일 수도 있다. 나도 어떤 사회 속의 구성원으로 나도 모르게 익숙해졌고, 적응했을지도 모를 테니까. 그래서 결론은 대부분의 세상에는 틀린 것보다는 다른 것이 많다는 것이다.

그 사실을 인지하고 살아간다면, 조금은 덜 당황하고, 덜 외롭고, 상처받지 않을 수 있지 않을까. 다르다는 것은 틀린 것이 아니니 말이다.

나의 존재가치를 갉아먹는 그들 속에 산다는 건

나의 자존감을 좀 먹을 뿐이다.

모순〔矛盾〕

 저는 원래 모순된 것을 좋아합니다. 이를테면 힘들다고 얘기하는 사람이 그 힘든 자신의 인생을 열심히 살아내는 것. 난 아이를 싫어한다고 말하면서 뛰는 아이가 넘어질까 잡아주는 것. 공기는 차가운데 따뜻한 이불 속에 있는 것. 부드럽지만 단단한 것. 약해 보이지만 강인한 것. 그런 것들 말이에요.

 저에게도, 저의 주변인에게도 모두 성장하는 과정에서 때로는 죽고 싶다는 생각을 해본 적이 있었습니다. 교양으로 들었던 청소년 심리학에서는 청소년기에 자살을 생각하는 빈도가 높다고 합니다. 우리가 "죽고 싶다"라는 표현이나 생각을 하는 이유는 사실 그만큼 삶에 대한 애정이 있고, 그만큼 무언가를 향한 갈망이 채워지지 않을 때 나타나는 삶에 대한 욕구와 불만족이 동시에 발현된 하나의 표현 또는 수단으로 생각됩니다.

얼마 전, 제게 상담 신청을 건네 온 여학생이 제게 이런 말을 했었어요. "저는 이제 막 고등학교 1학년이 되는데 사실 저는 부모님이랑 트러블만 생기면 가출하고, 친구를 잘못 만나서 담배도 피우고 성인들만 갈 수 있는 그런 곳에도 드나들어요. 저는 지금 놀고 싶어요. 그런데 인생이 너무 막막해요. 나중에 커서 뭐하면서 살아갈지 모르겠어요. 그냥 제 인생이 답이 없는 것 같아요… 이렇게 살다가 나중에 커서 인생이 더 답이 없을 때 자살할까 라는 생각도 해요… 어떻게 해야 할까요."

그래서 저는 이렇게 답을 해주었습니다.

"왜 놀면서 불안함을 동시에 느끼지. 놀고 싶어서 노는 거면 놀아도 돼. 대신에 다른 사람들을 원망하거나 누군가에게 피해를 주는 삶을 살아서는 안 돼. 시간이 지났을 때, 올바르게 놀아봤다면 그것도 다 추억이 되고 경험이 될 거야. 딱 그만큼만. 추억이 될 만큼만, 이런저런 방황도 해보며 너 자신의 삶에 거름이 될 경험을 쌓되 누군가에게 해를 끼치는 삶이 아닌 놀면서도 공부를 하든 무언가를 배우든 네 인생은 주체적으로 네가 사는 거니까 누가 말려도 안 될 거고, 네가 만들어가야 하는 거니까. 물론 10대에는 선생님, 부모님 말씀 잘 듣고 공부하고 20대에 노는 게 가장 좋겠지만! 못한 건 나중에라도 하면 되지만, 후회할 일은 만들지 않는 게 좋아. 내가 보기엔 답이 없는 인생은 아닌 것 같아."

"너의 삶이 소중하니까 미래를 걱정하는 거고,
당장 하고 싶은 게 있는 현재와 미래가 상반되니까 죽고 싶은 거잖아. 스스로의 인생을 포기하거나, 남한테 피해를 주지만 않는다면,
너의 방황이 아름다운 열매를 맺길 기도할게."

비교

어느 순간 문득 내가 너무 작게 느껴지는 때가 있다. 나 나름 잘 살고 있다고 생각했는데, 남과 비교 같은 건 잘하지 않는다고 생각했었는데. 나도 모르게 어느 순간 어떤 계기로 '내가 한없이 작은 사람이구나. 나 정말 아무것도 아닌 사람이구나. 다들 잘살고 있는 것 같은데 나만 뒤처지는 것 같고, 다들 행복하게 사는 것 같은데 나만 힘든 것 같고, 다들 타고난 행운아처럼 보이는데 나만 불행한 것 같은…' 그런 순간이 있다.

누군가는 처음으로 자신의 차가 생겼다는 사실이 너무도 기쁜 나머지 친구들에게 뽐내려고 만났는데, 다른 친구가 고급 외제차로 바꿨다며 나타났을 때의 기분. 분명 내게는 큰 행복이었지만 누군가에겐 아무것도 아닌 일. 나는 쉽게 얻을 수 없는 것들을 너무도 쉽게 갖는 사람들….

 그런 사람들을 보면 괜히 기죽고 부럽기만 하고 애꿎은 내 자신과 내 부모님 내 상황 내 직업 과거의 나 등등 모든 것을 탓하려 들기도 하는데, 그건 끊임없이 타인과 나를 비교하며 내가 작고 하찮게 느껴지게끔 재촉하는 모습을 하게 된다.

 제아무리 잘난 사람도 스스로를 남과 비교하며 위축되어있는 삶은 그저 안타까워 보이기 마련이고, 충분히 빛이 날 수 있는 자리에서도 그저 어두울 뿐이며, 기억에조차 남지 않는 존재가 되곤 하더라. 그러나 어떠한 삶을 살든, 누구와 어울리는 세계에 있든, 자신감 있고 당당한 모습은 그 사람을 오랫동안 기억하게 만들고, 그 자체로 그 사람의 가치를 증명해 보이는 것 같았다.

 하나 다행인 건, 비교도 어느 정도 삶의 안정 속에서 해볼 수 있는 거였다. 내가 물에 빠져 죽을지도 모르는 상황이 오면, 강가에서 술 마시고 노래하는 이들과 내 처지를 비교하지 않는다. 나는 물에 떠내려가고 있으니 당장에 내 목숨을 구걸하기 바쁜데, 타인의 삶을 들여다보며 다른 누군가와 비교하거나 그의 처지와 나의 처지를 비교하는 여유 따위가 생길 리 만무하니.

사람은 원래 나를 객관적으로 바라보기가 힘들고, 나의 밝은 면 70%를 두고 어두운 면 30%에 치우치게 되며 늘 어두운 면이 더 부각되어 보이고 거기에 집착하게 된다는 사실을 잊지 않았으면.

내가 비교할 수 있는 비교 대상이란,

과거의 나와 현재의 나와 미래의 나일 뿐입니다.

같은 하루, 다른 세계

내가 길바닥에 움츠리고 앉아 울던 10대 때, 나를 보곤 비웃으며 지나가던 친구가 훗날 30대 때 창피한 줄도 모른 채 길거리에 앉아 흐느껴 울 수도 있습니다.

같은 하루를 누군가는 사랑받으며 행복에 가득 찬 날로 보낼 수도 있고, 누군가는 사랑하는 사람에게 배신당하고 슬피 우는 하루를 보낼 수도, 또 어떤 누군가는 너무도 힘든 상황 속에서 죽지 못해 사는 하루를 버텨내고 있을지도 모릅니다.

내 오만한 판단과 관념에서 나온 칼날이 누군가를 향해 찌를 수도 있다는 생각을 해봤으면 좋겠어요. 내가 당장 관심이 없거나 내가 당장 그들의 입장이 되어보지 않았으니 와닿지 않는다는 이유로 함부로 속단하고 비난하는 무례함은 버리셨으면 좋겠습니다.

시계는 우리 모두에게 같은 시간을 재촉하지만, 사실 우린 각자 다른 시간을 보내고 다른 시기를 맞이하며 다른 시대를 살아갈지도 모릅니다. 공존은 할 테지만 모두가 동상이몽(同牀異夢)이잖아요.

같은 하루라도 다르게 보낼 수도 있다는걸,
그래서 누구도 함부로 비웃거나 손가락질하면 안 된다는 걸.

편한 대로 생각하기

생각하기 나름이지만, 생각이 반이다. 잘못될 거라고 생각한다면 정말 잘못되길 바라는 사람처럼 잘못될 확률만 생각하며 그것을 기다리는 모습을 하게 된다. 하지만 극히 희박하고 낮은 확률일지라도 잘 될 확률을 그리는 사람들에겐 잘 될 일을 생각하고 그리는 사람이 된다.

20세기 '문학계의 기인'이자 영국의 저명한 작가로 '인생철학의 아버지'로 불리기도 했던 제임스 알렌은 그의 저서 『생각의 힘』에서 늘 생각의 방향과 그 생각의 힘을 재차 강조한다.

때로는 그 믿음이 현실 도피적이고, 정신 승리이며 자기 위로이자 합리라고 할지라도 스스로의 삶에 도움 되는 쪽으로 생각하는 편이 낫다. 비관적으로 더 부정적으로 그게 현실이라며 받아들이기보다는 희박한 확률이라도 꾸준히 믿고 시도하는 삶이 분명 더 아름다울 것이다.

기적은 믿음을 가진 자에게 부흥하는 일이고
신앙을 가지지 않은 자에게 신이 들어줄 기도 같은 건 없다.

기회는 노력하는 자에게 주어지는 것이다.

청개구리[1]의 삶

10대에는 부모님과 선생님 말씀을 잘 듣고, 학교생활을 원만히 하고, 학업에 충실하며 학생의 본분을 다하는 게 참다운 사람이 되는 밑거름이 되겠지요. 20대에는 경제 활동을 열심히 하며 본인의 삶을 영위할 수 있는 급여 또는 그 이상을 버는 생산적인 삶과 더불어 여행, 취미 등 자기 계발도 함께 할 수 있는 삶이 바람직할 테지요. 나아가 30대에는, 또 그리고 40대에는, 50대… 이렇게 우리는 삶에 누군가 목차를 적어놓은 것처럼 그 시기에 맞게 해야 할 또는 살아야 할 인생이 숙제처럼 놓여 있고 그것을 애써 부정하지 못하고 감당하며 살아가고 있습니다.

혹여 10대에는 학업에 치여 성적이 좋지 않다거나, 학교에 가지

---

[1] 남의 말을 듣지 않고 매번 엉뚱한 일만 저지르는 사람을 빗대어 이르는 말.

않고 방황한다거나, 부모님 말씀을 듣지 않고 가출이라도 한다면. 또는 사업이라도 하겠다며 덜컥 도전하겠다면 청개구리가 되겠지요. 20대에는 생산적인 활동을 하지 않고 방구석에만 있겠다며 두문불출한다거나, 늦은 나이에 덜컥 수능이라도 보겠다고 하면 청개구리처럼 보일 테지요.

 사회 통념이 정해놓은 그 시기를 옳게 보내지 못하는 사람을 우린 '방황'하는 것이라 생각합니다. 방황은 언제 해도 손가락질을 받을 테지요. 저 또한 그랬으니 말이에요. 그러나 어쩌면 방황하고 있는 사람들은 자신에게 닥친 시련을 극복하기 위한 필사적인 몸부림으로 참다운 자아를 실현하고 있는 것일지도 모르겠다는 생각이 들었어요. 그래서 저는 방황하는 계절의 청춘을 응원합니다. 그 방황의 끝에 자신의 처지를 비관한다거나 남에게 피해를 주지만 않는다면 분명 그들이 겪어낸 방황은 아름다운 성장일 것이거든요.

 저에게도 방황하는 시절이 있었습니다. 학교에서는 채울 수 없는 나만의 세계와 공간이 있었고, 어린 나이에 일찍이 멋 부리기도 좋아했고, 어른을 흉내 내었습니다. 그런데, 누가 가르쳐줘도 몰랐던 것들을 제 스스로 깨달아가는 삶을 살아가고 있습니다. 어릴 적 늘 선생님과 어른들께서 말씀하시던 "너희들은 아무것도 안 해도 예쁠 나이."라는 말. 어릴 땐 하지 말래도 하고 싶던 화장과 그토록 신고 싶던 구두였는데, 지금은 줄곧 편한 운동화와 슬리퍼를 고집하고 맨얼굴이 가장 정겨워져서 미용실 등 뷰티 숍에 일 년에 한 번 갈까 말까 한 사람이 되었습니다.

또한 배움을 소홀히 한 탓에 채우지 못한 것을 채워나가기 위해 배우고자 하는 것을 공부하는 데에 전념하느라 친구들과 어울린다거나 보편적인 것까지는 아니지만 20대에 흔히들 가보는 술집이나 클럽은 근처에도 한번 가보지 않은 채 30대를 맞이하고 있어요. 덕분에 나이에 맞는 사회생활을 한다거나 다른 일에 지장을 받는 것도 피할 수 없는 숙명 같습니다.

청개구리의 삶은 제멋대로인 만큼 자유로운 것 같아 화려하고 멋있어 보였지만, 사실은 비참하기 짝이 없을지도 모르겠어요. 저는 분명 제가 방황했던 것을 후회하지 않는 사람입니다. 그러나 현실에서는 그 방황의 대가만큼 치러야 할 것들이 분명 존재합니다. 저는 일찍이 나의 순수함을 소비해버린 만큼 딱 그만큼, 다시 한번 20대의 젊음과 패기를 속절없이 소비하고 있습니다. 사람은 그 시기에 누릴 것을 누리지 못하면 때로는 그 시기에 멈춰버린 사람이 되기도 하고, 그 시기가 구멍이 난 것처럼 비어있기도 한 것 같습니다. 조금 느리더라도 인생을 꽉 채워나갈 것인지, 구멍을 비워둔 채로 남들과 나란히 설 것인지, 선택은 본인의 몫이겠지만 제때 입은 옷이 가장 예쁘고, 계절에 맞게 핀 꽃이 가장 아름답듯 그 시절 그 나이에 맞는 삶을 살았으면 좋겠습니다.

때로는 방황해보는 것이 성숙의 지름길이 되기도 하지만, 그 방황의 끝에서 후회 또는 자책하거나 자신의 처지를 비관할 사람들은 방황해서는 안 됩니다. 다시 세워야 할 모래성이 많거든요. 다시 쌓더라도 삶을 붙잡아갈 용기가 있는 사람들이라면 방황해보는 것쯤은 그다지 부끄러울 일도, 죄도 아니라는 말씀을 드리고 싶습니다.

선천적으로 느린 아이

저는 무얼 해도 느린 편에 속합니다. 학창 시절 내내 점심시간을 10~20분 남짓 남기고는 줄곧 식판을 치우곤 했었죠. 지금도 당시에 저와 함께 다녀준 친구들에게 고맙다는 생각을 종종 합니다. 제 친구들은 20분이면 밥을 다 먹는데 천천히 밥을 먹는 제 앞에서 그들 나름대로 여유시간을 가지며 싫은 내색 없이(아무래도 중학교 고등학교를 내내 함께하다 보니 익숙해졌겠지요) 기다려주곤 했으니까요.

아버지께서 지금도 간혹 우스갯소리로 하시는 말씀이 중학생이던 저를 데리고 일본에 갔을 때 단체로 투어하는 패키지여행이었기에 일행분들과 함께 식사하는 자리에서 다른 분들 대부분 음식(일본식 가정식집)이 입에 맞지 않다며 빠르게 상을 정리하셨는데, 그 당시 혼자서 꿋꿋이 음식을 다 먹는 모습에 한편으론 기특하기도 했지만 남들이 다 기다린다는 생각에 조금은 민망하셨다고 말씀하시며 미소를 지으시곤 하십니다.

네. 저는 무얼 하든, 무얼 먹든, 뭐든지 느립니다. 그러나 그 음식의 맛을 온전히 느낄 줄 알고 느린 만큼 꼼꼼하게 살필 줄 압니다. 무언가 일을 하나 맡으면 그것을 완벽하게 끝내야 하는 집념이 있습니다.

그런 사람들이 있어요.
남들과는 시간이 다르게 흘러가는 사람 말이에요.

하지만 거북이는 느린 대신 쉽게 지칠 줄을 모릅니다.
빨리 가는 사람은 꾸준한 사람을 이길 수가 없고,
서둘러 지은 집은 꼼꼼하게 지은 집만큼 튼튼할 수 없습니다.

스스로를 말려 죽이기

제대로 못 할 거면 시작도 안 하는 별난 성격 탓에 늘 무언가를 미루고 미루다 온 힘을 다 쏟아내어 마치거나 애초에 손도 대지 않거나 한번 잡은 일을 완벽하게 끝내기 위해 부단히 고군분투하는 사람입니다. 그래서 늘 한번 손댄 일에 대한 엄청난 스트레스를 감내하며 완벽의 완벽(물론 그건 나만의 기준일 수 있다)을 기하며 오랜 시간을 홀로 외로운 싸움을 해왔습니다.

일도, 사람도, 생각도 마찬가지였던 것 같아요. 늘 자신을 자책하고 시달리게 하며 말려 죽이기를 반복해왔습니다. 그런다고 해서 이렇다 할 성과가 크게 두드러지는 것도 아니었는데 말이죠.

혹시 저와 같은 사람들이 있다면 얘기해주고 싶어요. 괜찮다고, 그만하면 되었다고. 매사에 매 순간 최선을 다했으면 그걸로 되었다고.

드러나지 못한 고통

스스로를 괴롭히는 고통에는 여러 종류가 있습니다. 내 안의 내면의 고통, 누군가와 겪고 있는 외적 갈등, 실질적으로 겪고 있는 현실적 고통.

이미 드러난 고통은 더 이상 고통이 아니라는 얘기가 있던데, 꼭 세상에 드러내야지 드러낸 것이 아니라 내가 이미 인지한 고통은 더 이상 고통이 아니라는 얘기일 겁니다. 저는 제 아픔을 굳이 세상밖에 내놓지 않으려 합니다. 아픔을 얘기할 수 있을 때 괜찮아지는 거라고 하던데, 내 아픔을 누군가에게 또는 세상에 표출하는 것이 성숙이나 완전한 치유의 방식은 아니라고 생각하거든요.

단지 내가 겪었다면 그건 이미 앓아버린 감기와 같아서 다시금 나를 찾아올 수도 있지만, 한번 앓아봤기에 이것이 이미 감기라는 것을 알기 때문에 더는 문제 될 일이 아니라는 겁니다.

누구랑 싸우는 걸까

내 마음만 시끄럽지, 세상은 고요하다. 내 마음은 요동치지만, 세상엔 한 줄 변함도 없이 적막만이 흐를 뿐이다. 모든 걱정과 문제는 내 안에 있다.

괴로움을 자처하는 것도, 누군가를 미워하고 원망하는 일도, 삶에 대한 불안도, 어떠한 대상을 그리워하는 것도, 온전히 내 몫이고 나의 것이다. 그러니 내가 감당할 수 있을 만큼만 즐기도록 하자.

누군가를 그리워하는 일은 가끔 꺼내 보는 서랍 속의 낡은 앨범처럼 그렇게 묻어두었다가, 꺼내 보았다가 반복하며 살아가는 연민을 가져보도록 하자. 괴로움을 기꺼이 감내할 만큼 내가 강인한 사람이라면 고통을 즐기자. 애써 웃어 보일 필요까지는 없다.

하지만 나를 힘들게 하는 고문들은 매섭게 내치면서 살아가자. 아무것도 나아질 것 없는 스스로의 고뇌들. 그건 채찍질이 아니라 희망 고문일 뿐이다.

희생이라는 말은 내 것을 기꺼이 내어줬을 때 쓸 수 있는 말이 아니라 내 것을 잃으면서까지 상대를 위해줄 때 진정한 희생이라고 말할 수 있는 거였고, 아무나 다 할 수 있는 용서는 용서가 아니라 누구나 쉽게 용서할 수 없는 것을 용서했을 때 비로소 그걸 용서라고 얘기할 수 있는 거였다.

나를 괴롭게 하는 일이 있다면,
조금 어려운 희생을 해보기를.
다소 힘겨운 용서를 해보기를.

누군가를 미워하는 일이 힘들다면 이젠 그만 용서하기로 하자. 내가 감당할 수 없는 아픔과 고통은 이제 그만 나를 위해 내려놓아 주기를.

슬픔은 찰나의 고뇌이며, 슬픔에 빠지면 인생을 망친다.

-벤자민 디즈라엘리-

순간

앨범을 보다가 문득 내가 저렇게 예쁘던 날, 내가 그토록 행복해했던 순간들이 벌써 지나간 날이라는 사실에 문득 울컥한 적이 있다.

좋았던 그날이 어느새 과거인 것처럼,
즐거웠던 오늘이 눈 깜짝할 새 어제가 된 것처럼,
아무리 힘든 오늘도 그냥 지나간 날이 될 뿐일 테니.
힘들게 살아낸 오늘이 언젠가 지금보다 더 앞날엔,
웃으며 뒤돌아보는 과거가 되어있기를.

인생은 원래 행복한 것이 아니다.
삶의 궁극적인 의미는 행복한 삶이 아니라,
행복을 추구하는 삶에 의미가 있는 것.

행복이 가까이에 있는지 멀리에 있는지의 기준은
각자의 마음대로 설정하는 거고,
설정을 마쳤으면 묵묵히 가면 된다.

달리는 동안은 힘든 게 아니라
행복해지는 과정에 있기 때문에
그 또한 행복일 테니.

어른이 되지 못한 이유

난 여전히 엄마의 치마폭이 그리운 어른이다. 여전히 아버지의 호탕한 웃음이 내가 살아있음을 느끼게 한다. 내 나이는 어느새 한참이나 어른이 되어버렸지만, 나의 내면의 동심은 여전히 살아 숨 쉬며 요동치는 중이다.

여전히 부모님께 투정 섞인 목소리로 통화를 한다. 그럴 때면 아버지께서는 여전히 어린 아이를 대하듯이 허허하고 웃으며 받아주시기도 하고, 때로는 혼이 나기도 하며 때때로 아버지께 듣는 한 번의 칭찬이 내게는 크나큰 기쁨이자 위안이 되고는 한다.

내가 왜 이런 어른이 되었는지를 곰곰이 생각해본 적이 있다. 생각해보니, 난 부모님의 애정에 목마른 유년 시절을 보내야만 했다. 어머니는 늘 과도하게 엄격하셨기에 다정한 엄마의 품을 느껴본 적이 거의 없었고 아버지의 등을 느껴 본 것은 6살 때가 마지막이었다. 너무 일찍이 철이 들어야만 했던 어린 소녀는 여전히 어른이 되어서도 사랑스러운 딸을 대하는 아버지의 미소가, 엄마의 다정한 사랑이 그토록 그립고 고픈 거였다.

세상은 내게 결혼이나 직업, 배우자, 자녀 유무를 집요하게 물으며 하루빨리 여자가 되기를 재촉하지만, 나는 딸로 살아본 적이 없어서 딸이 먼저 되어야겠다. 나는 여전히 누군가의 아내, 누군가의 엄마이기보다는 아빠의 딸로, 엄마의 자식으로 살아보고 싶다.

나이는 어른이 되었음에도 아직 온전한 어른이 되지 못한 데에는 그만한 이유가 있을지도 모른다.

제대로 된 어른으로 살아가지 못한다는 건 어쩌면 제대로 된 어린이로 살지 못했기 때문이지 않을까.

애늙은이

 어릴 때부터 일찍이 '애늙은이'라는 말을 들었던 사람들이 있어요. 우리는 왜 일찍부터 늙음을 자처하며 살아왔을까요.

 달리는 차 안, 차창 밖으로 보이는 나무들에 매달려 푸름을 뽐내듯이 흔들거리는 잎을 가만히 바라본 적이 있어요. 풀잎의 싱그러움에 질투가 나더라고요. 아무 생각 없이, 걱정도 없이 그저 부는 바람에 어여쁘게 흩날리는 푸른 초록빛 젊음. 그 순수함이 한없이 부럽다고 생각한 적이 있었어요.

 '겉늙었다'라는 말이 있는데, '속 늙었다'라는 말은 왜 없는지 모르겠어요. 겉이 아닌 속이 나이 들어버린 사람들이 있는데. 햇빛을 오래 쬔 피부는 겉이 늙지만, 마음을 오래 앓았던 속도 일찍이 늙어버리는 건, 어쩌면 당연한 일일 지도 모르는데 말이에요.

표면에 난 상처는 치유라도 할 수 있지만 마음에 난 상처는 치유할 길이 없습니다. 마음이 힘든 것보다는 몸이 힘든 편이 낫다는 이야기가 있는 것처럼 말이에요. 그렇지만 나만이 알고 있는 상처는 나만 모르는 척 덮어주면 아무도 모르잖아요. 그렇게 우리, 조금씩 스스로를 치유할 줄 아는 자가 치유를 연습해보아요. 내 마음에 난 상처도 언젠간 깨끗이 흔적도 없이 사라질지도 모르는 일이잖아요. 상처받은 적 없는 것처럼.

미처 다 여물지 못한 여린 속을 감춘 채
겉을 까맣게 그을리고 태워 굳힌 속살은
더없이 여리고 말랑거립니다.

서둘러 어른이 된 까닭에
누구에게도 보여주지 못하는 여린 심정을
오늘도 딱딱하게 굳은 피부 속에 감추고
나 혼자 몰래 매만집니다.

부정적 객관화, 긍정적 합리화

나는 타인에게 힘이 되기 위해 늘 다정한 위로를 건네고, 최대한 현실을 반영하면서도 희망적인 메시지를 많이 전하려 하지만 사람들은 말한다. 긍정의 메시지를 전하는 건 자기합리화나 자기 위로이며 현실 도피적이라고. 꼭 부정적인 시선만이 객관적이고 현실적인 것으로 치부해버린다.

누군가는 부정적인 현실을 있는 그대로 받아들이는 것이야말로 현실적이며 객관적이라고 하고 누군가는 그것을 부정적이고 비관적이라고 한다. 현실이 조금은 우울하거나 참담하다고 해도 희망적인 말과 위로가 되는 조언에 누군가는 힘을 얻고 누군가는 그게 정신 승리이자 자기합리화라고 한다.

사실 이해를 못 하는 것은 아니다. 나도 그 희망적인 생각과 위로를 나 자신에게 선뜻 포함시키지 못하는 편이니까.

나는 지나치게 객관적이고 현실적인 사람이다. 그러다 보니 내 처지를 잘 알고 있어 인생을 비관하거나 주로 부정적인 판단을 할 수밖에 없었다. 그렇게 되니 당연한 결과로 비판적 시각과 그에 맞는 부정적인 결과만을 기다리는 사람이 되어가고 있었다. 희망적이거나 긍정적인 생각은 별로 떠오르지 않는다. 왜? 난 현실적이고 객관적인 사람이니까.

마찬가지로, 사람들은 위로와 희망을 건넬 때 그저 흔해빠진 말, 사탕발린 말, 정신 승리라며 손사래를 치곤 하지만 사실 나처럼 인생을 현실적이고 객관적이라는 빌미로 다소 비판적인 시선으로만 바라본다면 분명 우울해지거나 자신의 인생을 비관하기 쉬워질 것이다. 그러다 보면 더는 꺼내 올릴 수 없는 깊은 도랑으로 빠져버리게 된다.

로또에 맞을 확률은 극히 희박하지만 매주 누군가는 로또에 맞는다. 하지만 당첨될 확률이 희박하니 당첨될 일은 없을 거라며 처음부터 로또를 사지 않는 사람이 로또에 당첨될 확률 같은 건 아예 없다.

생각의 환기

저는 그럴 때가 있어요. 생각이 너무 많아서 그 생각들에 빠진 세계에 갇힌 느낌이랄까, 혼자만의 물방울에 갇힌 느낌. 왜 그런 거 있잖아요. 나는 사람들과 어울려 무언가를 먹고 어딘가를 가고 어딘가에서 어떤 행동을 취하고 있는데 내 정신은 오롯이 다른 데에 쏠려있는 느낌.

어려서부터 제법 골똘히 빠질 정도로 생각이 많은 편이었어요. 오죽했으면 크리스텔 프티콜랭의 저서 『나는 생각이 너무 많아』도 출간과 동시에 읽어보기도 했으니 말이에요. 무언가 한번 생각하기 시작하면 회오리가 치다 갇혀버리곤 했거든요. 무한으로 솟구치는 뿌리가 있어서 생각 나무에 물을 뿌리면 가지가 뻗고 열매가 열리듯 주렁주렁 생각에 빠져 헤매곤 했었습니다.

먼지가 쌓이면 창문을 열어 환기하듯이 저는 주기적으로 '생각 환기'를 합니다. 어떤 한 생각이 자리 잡기 시작하려고 하면, 필요 이상의 생각 가지들이 열매를 맺기 전에 나름대로 필요한 만큼만 비교적 빠르고 간략하게 마치고선 '이제부터는 이 생각은 하지 않는 거야!' 하고 말이에요.

언젠가부터 많은 생각들에 싸이면 그게 너무 버거운 것 같아 조금씩 줄여나가기를 연습했어요. 생각과 행동은 비례하면서도 다른 경우가 많기 때문에, 의미 없이 깊은 생각에 빠지다 보면 생각이 나를 집어삼키는 느낌이 싫어서요. 주기적인 '환기'는 꼭 필요하지 않을까요.

나는 단 한 번도 이성적인 사고를 통해 발견한 적이 없다.

-알버트 아인슈타인-

습관적 불행인

 습관적으로 불행을 끌어안는 사람들이 있다. 물론 나도 상당 부분 포함되는 것 같다는 생각이다. 하지만 인간은 간사한 법이니 때때로 그것에서 도망치려는 일련의 시도를 한다. 하지만 그땐 이미 늦었다. 크게 나를 집어 삼켜버린 불행이라는 씨앗은 이미 나를 잡고 쉽게 놓아주질 않으니 말이다.

 스스로가 불행하다고 느끼는 원인에는 각기 각색의 다양한 이유가 있다. 이를테면, '좋은 친구를 만나지 못 해서 불행해요.' '저는 하고 싶은 일(꿈)을 찾지 못 해서 불행해요' '저는 회사에서 인정받지 못해요.' '경제적 여유가 없어서 불행해요' '연인과의 관계가 좋지 않아서 불행해요' 등 처럼 말이다

 하지만 이런 사람들이 있다. 하나의 불행이 해결되었음에도, 또 다

른 불행을 찾아 끌어안는 사람들. 이들은 불행한 자신의 처지가 너무나도 익숙한 것이다. 오히려 불행이 없는 상태가 되면 더 불안하고 불행한 사람이 된다.

불안의 씨앗이 열매를 맺었을 때 안 좋다는 것은 나도 알지만 동가홍상(同價紅裳)이라고 이왕이면 같은 상황에서도 분명 좋은 쪽으로 생각할 수도 있을 법 한데, 자꾸만 불행을 당연시하고 부정적으로만 생각하는 내가 너무 지칠 때가 있다. 하나의 불행이 사그라들 때쯤이면 다시 습관적으로 다른 불행 요인을 찾아 끌어안는 사람들. 나는 이들이 바로 "습관적 불행인"이라고 생각한다.

불행의 원인은 늘 나 자신에게 있다.

-파스칼-

악플러

 우연히 한 젊은 정치가의 SNS 계정을 보게 되었습니다. 사소한 실수 한 번에 자신들의 의견과 맞지 않는다고 득달같이 달려들어 그 정치가의 가족들까지 포함한 온갖 욕설에, 인신공격에, 조롱에, 막말에…. 보고 있자니 눈살이 찌푸려졌습니다.

 '보수와 진보로 대립구조가 양산되고 여당과 야당이 존재하며 늘 경쟁과 대립 구도를 재촉하는 사회이기도 하고 표현의 자유와 비판적인 시각도 분명 필요할 테지만 저렇게까지 해야 할까…?' 그가 어떤 마음을 가지고 어린 나이에 정계에 진출했는지는 모르겠지만, 나라면 좋은 마음으로 열정을 가지고 시작했던 일이라도 인간들이라는 존재에 환멸이 날 것만 같았습니다.

 요즘같이 개인주의가 만연한 사회에서는 시민평가단이 가장 무서운 것 같습니다. '프로불편러'란 매사 예민하고 별것도 아닌 일에도 부정적인 여론을 형성해서 논쟁을 부추기는 유난스러운 사람을 일컫는 신조어입니다. 인터넷이 지나치게 생활화되어있는 요즘 이와 같은 신조어가 생겨날 만큼 현재의 시대상을 잘 반영한 신조어 같다는 생각이 들어요.

사람들은 관심 있는 것만 보려 하기에 겪어보지 않은 사람들은 공감할 수 없는 부분들이 참 많습니다. 출산을 겪어보지 않은 사람들은 그 출산의 고통을 감히 형용할 수 없고, 군대에 다녀오지 않은 사람이 군대 얘기에 깊은 공감을 표하기란 쉽지 않습니다.

마찬가지로, 영화관에서 아버지의 사랑에 대한 장면에 울음을 터뜨리는 사람들이 있지만, 멀뚱한 눈으로 그저 바라보는 이들이 있습니다. 이때 우리는 울고 있는 옆의 사람에게 "왜 울어요?"라던가, 울지 않는 사람에게 "아니, 아빠에 관한 내용에서 어떻게 안 울어요? 아빠 사랑 못 느껴봤어요?"라며 자기 생각을 강요하듯 따져 묻지는 않습니다…. 이 얼마나 모순된 시각일까요.

많은 사람이 바라보는 위치에 있게 되며 악플에 시달려본 적 없는 사람들은 그 하나의 악플이 당사자를 삶의 극단적인 선택까지 이르게 하는 그 심정을 헤아릴 수 없을 겁니다. 저는 경험의 차이라고 생각하는데요, 그저 그런대로 존중하는 것. 현실에서는 익숙하지만 디지털 시대에 익숙한 MZ세대에게서 인터넷에서의 존중이란 쉽게 찾아볼 수 없는 것 같습니다. 뭐만 하면 "틀딱충" "진지충" "감성충"이 되어버리니까요.

물론, 비판적인 시각이 자리하기에 긍정적 발전과 결과를 도래할 수도 있다는 것을 부정하지는 않습니다. 하지만, 이제는 그 선행 사례를 핑계로 정작 발전을 이룩한 적도 없는 대다수의 사람이 고질적인 불편을 비판적인 시각이라고 착각하는 것은 아닌지 묻고 싶었습니다.

사람들은 관심 있는 것만 보려 하고,
관심 없는 부분은 잘 보려 하지 않습니다.

그 때문에 다수의 사람들은 내가 어떤 사람인지에는
별로 관심이 없습니다.

그저 허점이 보이기를 기다렸다가,
기다렸단 듯이 달려들어 질책할 뿐.

아버지의 가르침

아버지는 내게 착하고 바르게 살라고 가르치셨습니다. 아마도 선한 사람으로 자라나기를, 그런 딸이 되어주기를 바라셨을 테죠. 저는 아버지의 바람대로 마음이 여리고 심성이 모질지 못하며 작은 동물 하나에도 울고 웃는 어른으로 자랐습니다. 사람을 좋아했고 성선설을 믿었으며 남녀노소 누구나 순수한 마음으로 바라보는 눈을 가졌었지요.

저는 그가 바란 대로 그런 사람으로 자랐지만 혹독한 세상은 나를 인정해주지 않았습니다. 나는 사람들을 믿었지만, 사람들은 나를 이용했고, 순수하게 믿었던 믿음은 배신으로 이어졌으며 그런 나를 사람들은 멍청한 사람이라는 시선으로 바라보이기에 충분했을 거예요. 쉽게 이용당했고, 크게 상처받았고, 그 상처에 괴로워하는 모습을 부모님께 보이지 않고 싶었지만 아무리 발악해도 그리 오래 버티어내지 못했었습니다.

덕분에 아버지는 어느새 제게 독하게 살아가기를 다그치게 되셨습니다. 마음 독하게 먹고, 쉽게 울지도 말고, 찔러도 피 한 방울 안 나올 사람처럼 그렇게 살아가기를 바란다고 하셨습니다.

어릴 때부터 부모님께 모든 어른을 공경하라 배웠습니다. 길을 걷다 모르는 어르신을 마주하더라도 고개 숙여 인사하도록 가르치셨습니다. 매사에 솔직하라고 배웠으며, 친구들과 사이좋게 지내며 어려운 사람을 보면 그냥 지나치지 말고 꼭 도와줄 것을 가르침 받았습니다.

가르쳐주시지 않았습니다. 나쁜 어른을 만나면 어떻게 대우해야 하는지, 억울한 일을 당했을 땐 어떻게 대처해야만 하는지, 믿었던 친구가 배신했을 때 어떻게 행동해야만 하는지. 싸우는 게 맞는지, 참는 게 답인지. 곪아야 하는지, 뱉어야 하는지. 어떤 것도 가르쳐주시지 않았습니다.

저는 훗날 자식에게 '부당한 대우를 받았을 때 어떻게 해야 하는지, 너를 괴롭히는 사람에겐 어떻게 해야 하는지, 싫어하는 사람, 나

뿐 감정들을 어떻게 해야 하는지'를 먼저 가르치고 싶습니다. 자신이 없는 삶엔 타인도 없을 테니까. 스스로를 올바르게 지켜내는 방법을 알아야 타인에게 해를 끼치지 않으며 언젠간 작은 도움이라도 건넬 수 있는 여유 있는 사람으로 자라날 테니 말이에요.

이미 망한 인생

"이번 생은 망했어." "내 인생은 왜 이럴까." 이와 비슷한 생각을 해보신 적이 있으실까요. 저는 종종 생각합니다. '과연 내가 열심히 산다고 해서 달라질 게 있을까…?' '태초부터 다른데, 이미 여기까지 왔는데. 이제 와 내가 바꿀 수 있는 일이 뭐가 있을까.' '내 삶은 왜 이럴까….' 이런 생각들 말이에요. 왜, 박명수 어록에도 있잖아요. 일찍 일어난 새가 피곤하고, 늦었다고 생각할 때가 가장 빠른 때가 아니라 그땐 진짜 늦었을 때라고.

첫 단추부터 잘못 끼워졌을까요. 어디서부터 원망하고 되짚어보면 될까요. 저는 불우한 어린 시절을 보내며 꽤 방황하던 친구였습니다. 저희 어머니는 일종의 무병을 겪으셨고, 제가 8살일 때에 무녀가 되셨습니다. 아버지와는 함께 산 세월이 이제껏 채 10년도 되지 않습니다. 결코, 불우한 가정환경에 노출된 모든 아이가 방황하지는 않을 것입니다. 그러나 그리웠던 건 사실입니다. 너무 보고 싶었어요. 내 아버지와 아버지의 품과 그늘이. 친구의 집에 놀러 가게 되면 익숙한 그림의 번듯한 집과 잘 꾸며진 친구의 방. 앞치마를 두르시곤 "뭘 만들어 줄까? 떡볶이? 피자?" 하시던 친구의 어머니.

현실적으로 돌이켜 생각을 해봅니다. 어머니를 사랑하지 않는 건 아니지만, 어머니의 사상과 교육 방식이 지금도 저와는 많이 부딪히는 편입니다. 저의 아버지는 아침잠이 없으시고 저녁에 일찍 주무시는 편이지만, 어머니는 밤잠이 없으셔 늦게까지 시간을 보내곤 오후까지 주무시는 편입니다. 어머니는 아주 어렸던 저를 노래방과 피시방에 데리고 가곤 하셨습니다. 엄마도 아주 힘들었을 테죠. 당신의 고뇌와 힘듦을 달래줄 무언가가 필요하셨을 거예요. 그 어린아이를 혼자 집에 두고 나설 수가 없어 데리고 나섰을 어머니의 처지를 생각하면 마음이 저리기도 합니다.

이러한 환경에 노출되어 있다 보니 학창 시절 학교에 늦는 일은 늘 부지기수였어요. 또한 공부에 대한 열의와 성적이 따라주었을 때, 저는 한 문제를 틀려도 100점을 맞지 못했다는 이유로 어머니께 매를 많이 맞고는 했었습니다. 돌이켜 생각해보면 '내가 50점을 맞았더라도 따뜻하게 칭찬해주실 수는 없었을까, 내가 어머니가 아닌 아버지와 살았더라면 학교에 가는 일이 힘겨운 일이 아니라 즐거운 일이 되지는 않았을까? 그랬다면 나는 엘리트가 되어 개천에서 나는 용이 될 수도 있지 않았을까?' 하는 의미 없는 도피적인 회상을 해보곤 합니다.

불행 중 다행인 건, 저의 유년 시절을 방황으로 낭비하면서도 다른 친구들을 괴롭히거나 피해를 주는 사람은 아니었습니다. 선생님들께선 제게 남에게 피해를 주는 사람이 아니라 제 스스로에게 피해를 주고 있다고 걱정하곤 했으니 말이에요. 그렇게 방황의 시절을 겪으면서도 중학교, 고등학교 때에는 반장, 부반장과 같은 간부직을 맡기도 했고 줄곧 선생님들과 가까이 지내기도 했지만 유독 저를 예뻐하시며 문학을 사랑하시던 제게는 아주 특별했던 담임선생님께서 제게 꿈이 없다면 작가를 해 보는 게 어떻겠냐고 권유해보시곤 하셨을 때, 그 당시에 제 꿈은 무릇 컸기에 선생님의 그런 말씀은 귓가에 들리지도 않았었지요. 정확히 말하면 꿈이 없기에 그 꿈이 더 크고 대단히 느껴졌었다고 할까요.

저는 오히라 미쓰요처럼 방황의 끝에 그 방황만큼 값진 빛나는 성공의 쾌거는 거두지 못했어요. 참 우습게도 어릴 땐 그렇게 방황하면서도 내가 어른이 되면 무언가 대단한 존재가 되어있을 것만 같은 맹랑한 꿈을 그리곤 했었는데. 현실은 냉혹하고, 결과는 당연했어요. 10대를 벗어나면서, 내가 노력하지 않은 만큼 나는 뒤처지고 이제껏 꿈을 이루지도 그렇다고 안정을 얻지도 못 한 사람이 된 걸요. 내가 소홀히 보낸 시간은 그 시간만큼 손해가 되었고 분명 큰 후회로 남았어요. 현재는 배움을 꾸준히 노력하고 한국사와 세계사를 공부하며 학생들에게 역사를 가르치는 선생님이 되어보기도 하고, 취미로 글을 쓰며 작가를 자처하고 있기도 합니다. 앞으로의 난 또 뭐가 될지 모르겠어요. 턱없이 늦었고, 한없이 부족할 테지만, 계속해서 지난날의 나보다는 발전하고 나아져 가는 삶을 추구하며 오늘도 살아냅니다. 비록 더딜지라도.

항상 인생에 있어서 결과만이 증거이고, 결과만이 정답이라고 생각해왔던 저였지만, 근래에는 생각이 바뀌었습니다. 과정 없는 결과는 없을 테지요. 모든 일에는 '어떻게 살았기에'가 아니라 '어떻게 이겨냈는지'에 중심을 두어야 합니다.

저는 그런 어른이 되고 싶습니다. 혹시 방황하는 친구를 마주한다면, 얼마나 양아치면 방황하느냐고 판단하기 전에. 어떠한 힘든 이유가 있기에 네가 그렇게 방황할 수밖에 없었느냐고 물어봐 주는 어른이 되었으면 합니다.

얼마나 힘들었는지가 아니라,
어떻게 견뎠는지를 물어보는 어른이고 싶습니다.
얼마나 맞았는지를 묻는 게 아니라,
어떻게 아팠는지를 물어봐 주는 어른이고 싶습니다.
얼마나 잘됐는지가 아니라,
어떻게 살았는지를 들여다볼 줄 아는 사람이 되고 싶습니다.

모든 이에겐 각자의 아픔이 존재하기 마련일 테지요.

저는 제가 얼마나 가난했으며, 어떻게 힘들었는지에 대해서 열거하지 않겠습니다. 고통과 기억이란 건, 가늠하거나 비교할만한 것이 아니잖아요. 8살, 이제 막 받아쓰기를 연습하던 나이에 늦은 밤 홀로 길가에 앉아 하늘의 달을 보며 돈이 무엇인지 고민하며 고사리 같은 두 주먹을 꽉 쥐며 울었던 기억을, 하루 동안 닭볶음탕 감자 하나에 밥을 먹었다는 기억과 누가 더 가난에 힘들었는지 비교할 수는 없는 것일 테니, 내 인생은 이미 망했습니다. 그러나 나는 성공 중인 인생을 살아가는 중입니다. 이렇게 나는 매 순간, 이전보다는 나아진 삶을 살고 있거든요.

여러분의 삶도 이미 망했다고 생각하시는 분이 계실까요? 이미 망하신 분들이 계실지도 모르겠습니다. 그러나 너무 상심하지 마세요. 원래 내가 있던 자리에서 조금이라도 나아가고 있다면 분명 성공 중일 것입니다.

성공의 기준과 출발선이 누구에게나
동등하게 주어질 수만은 없을 테니까요.

2

내 결혼식에는 몇 사람이나 올까

친구가 많았던 사람

제가 어릴 땐 친구가 정말 많았었습니다. 한번 나가면 10명 20명 모이는 건 우스운 일이었고, 매일 하루도 빠짐없이 모여 있는 친구들이 있었고, 평일 주말 할 것 없이 언제든 부를 수 있고, 만날 수 있는 친구들이 넘쳤었는데.

지금은 어느새 각자 사회에서 자리를 잡고, 결혼하고, 부모가 되며 살아가기 바쁜 나이가 되었습니다. 몇 안 되는 정말 친한 친구도 얼굴 한번 보려면 그들의 일, 연애, 개인 시간을 제외한 나머지 여유 시간을 맞춰 겨우 보아야 합니다.

지금의 전 누군가를 만나고 어울리는 시간보다 혼자인 게 좋을 때가 많습니다. 예를 들면 사랑하는 반려견이랑 산책할 때 밤공기가 너무 좋다든지, 좋아하는 음악 들으며 혼자 드라이브할 때 그 감성이 너무 좋다든지, 관심 있는 분야를 배우고 공부하는 성취감 같은 것들이 있죠.

내 안에서 찾는 삶의 여유와 즐거움이 많아졌습니다. 나도 한때는 세상에 친구들이 전부인 줄 알았고 친구 많은 게 자랑인 줄 알았고 주변에 항상 친구들이 바글바글한 나한테 자부심을 느꼈었어요. 친구들 모이는 자리에 내가 없으면 안 될 것 같고 친구들 사이에서 내 뒷얘기가 나오는지 걱정하며 괜한 소외감에 잠 못 이루던 때가 있었습니다. 아주 오래전이지만 말이에요.

그런데 사실 친구는, 오늘 저녁 우연히 헬스장에서 만난 또래 이웃과도 할 수 있는 거였고 몇 년, 몇십 년을 죽마고우 하던 친구가 나를 배신하거나 모르는 체해도 전혀 이상한 일이 아니었습니다.

조금 커보니 알겠더라고요. 삶의 의미는 친구들 사이에서 인정받고 존중받는 나에게서 얻는 게 아니라 나 혼자서 찾아가는 거였고, 내 가치는 주변인이 아니라 나 스스로가 보여주는 거였습니다. 혼자여도 이상하지 않았고, 혼자인 게 익숙한 나이가 어른인 거더라고요.

모두들,

그 누구보다 자기 자신을 가장 사랑하는

인생을 살길 바랍니다.

소문은 소문일 뿐

나는 어릴 때부터 소문이 정말 많았다. 물론 지금도 어딘가에서 나를 안줏거리 삼을 수도 있겠지만, 반면에 나도 누군가의 이야기를 소식이라도 되는 양 듣고는 한다. 내가 아는 사람, 내가 잘 모르는 사람. 그냥 언뜻 얼굴과 이름만 아는 사람 등등.

사람이 하는 모든 일엔 소리가 난다. 살아 숨 쉬는 자체만으로 누군가는 누군가를 미워하기도 하고, 보는 자체로 불편해하기도 하고, 이유 없이 싫어하기도 한다. 난 어릴 때부터 감당하기 어려운 소문들을 감당해야만 했다. 나를 아는 사람들이 많아질수록. 내가 다니는 자리가 늘어날수록. 내가 했던 작은 것도 크게 부풀려지기도 하고, 내가 하지 않은 것도 내가 한 것이 되어있었다.

이제 내 주변은 어리지 않을 만큼 나이가 늘었음에도, 아직도, 여전히, 난 내 소문을 내가 아닌 누군가에게서 듣는다. 기분 나쁘고 화나고 억울한 그런 소문들. 예전엔 그때마다 찾아가서 따져도 보고, 홀로 상처받아 속상한 마음에 울어도 봤지만, 이제는 그냥 한번 웃고 넘길 뿐이다. '응, 아직도 내가 너네한테 씹을 가치가 있는 존재구나' 딱 이정도의 생각이라서.

내 인생의 목표는 나를 잘 모르는 사람들의 한마디 한마디에 귀 기울이고 신경 쓸 새 없이 바쁘게 그리고 발전 있는 삶을 살아가는 거거든.

자동문

예전의 내 마음이 여닫이문이었다면, 요즘의 난 자동문으로 바뀌어버렸다. 이제는 습관적으로 문이 닫힌다.

이제는 꽤 좋은 사람처럼 보이거나 좋아하는 사람이 나타났을 때, 습관적으로 어느 정도의 선을 긋고 벽을 쌓는다.

늘 적정한 거리를 유지하고 경계를 지키면서 잔뜩 날을 세운 채 혹시라도 그가 변하거나 돌아설까 봐 미리 대비하는 편이다.

내가 좋아했던, 믿었던, 좋은 사람이라 생각했던
사람들의 다른 모습에
또 한 번 실망하거나 무너지는 느낌을 더는 겪고 싶지 않아서.

관계를 재단하는 일

인간관계는 평생 어려운 일인가 봅니다. 누구에게나 어려울 것이라, 어쩌면 아무런 의미도 없는 일일 지도 모른다는 걸 알면서도 떨쳐내지 못하고 살아갈 수밖에 없는 것 같아요. 저는 가끔 골똘히 생각에 잠겨 어떤 친구와 나의 관계를 헤아려보곤 합니다. 예를 들면 내가 이 친구를 이렇게 챙겨주었고, 이 친구가 어려울 때 이렇게 도와주었는데, 그 친구가 나를 영문 모를 이유로 냉대한다든지. 나는 이 친구를 이만큼이나 진심으로 생각했는데, 이 친구에게 난 상투적인 관계 그 이상 이하도 아니라는 것을 실감할 때 말이죠.

때로는 나만 이런 것일까 하는 의구심이 들기도 합니다. 아무럼 친구들에게 연연할 만큼 어린 나이는 아니니까요. 나는 이제 어린아이가 아닌데 여전히 친구들, 또는 인간관계에 여념하고 있자니 저 자신이 의아하다는 느낌도 듭니다.

그런데 아마도 내가 이렇게 골똘히 헤아려보는 이유는 내가 사람을 사랑하는 사람이기에 그런가 봅니다. 그 친구는 생각보다 내게 의미 있는 사람이었거나, 그 친구와 함께 나눈 것이 제게는 큰 가치가 있기에 그렇겠지요. 내게는 특별한 것인데 나와 함께 나눈 당사자에게 나의 존재가 그리 대단하지도 의미가 있지도 않다면 나는 나의 존재 가치를 부정당하는 것 같은 그 기분이 너무 싫었던 것 같습니다.

하지만 저는 지금 누군가를 만나고 어울리는 시간보다 혼자인 게 좋을 때가 더 많아진 사람이 되었습니다. 나에게 소중한 사람이기에 그 사람에게도 그만큼 내가 소중할 거라는 기대는 애초에 유치하기 짝이 없는 생각이었고, 같은 날 같은 음식을 먹었어도 그날을 기억하는 두 사람의 입장은 다릅니다. 작은 마음을 크게 여기는 사람들이 있지만, 큰 것도 크게 느낄 줄 모르는 무딘 사람들도 존재합니다. 따라서 저는 이제 더 이상 누구와의 관계도 재단하지 않습니다. 그저 좋아하는 사람에게 마음을 건네고, 볼 수 있는 사람들에게 마음을 다해 웃음으로 화답합니다. 주변이 어떠하면 어떠한가요. 내가 나인데.

그들에게 여겨질 나의 가치는 중요하지 않습니다.
내가 좋아하는 사람들이 누구인가가 중요한 거지.

오해와 인식

 어떤 이들에게 내비쳐질 이미지를 생각하다 보면 밥을 먹었는지도 모르게 긴 밤을 꼬박 새우곤 했었습니다. 너무 괴로웠습니다. 난 그게 아닌데, 나를 그렇게 오해할 거라는 사실이 무척이나 괴로워 하루를 온전히 보낼 수가 없었던 날이 많았습니다.

 내가 어떠한 행동을 했을 때 거기에는 분명 확실하고 합당한 이유가 있었지만, 그들에게 비칠 나의 모습이 이상한 사람으로 비치거나 나를 오인할 거라는 사실이 미치도록 속상하고 괴로웠습니다. 그렇다고 해서 아무 말도 없는 그들에게 먼저 다가가 '있잖아, 이전의 그 일은 말이야. 내가 그때 왜 그렇게 했냐면….' 하고 설명할 수도 없다는 사실이, 그렇게 된다면 난 더 이상한 사람이 될 것만 같은 현실이 뫼비우스의 띠처럼 스스로를 더 옥죄었습니다.

사람마다 성격이 다르고 태생부터 주어진 성향이 다르겠지만 내가 했던 행동에는 그만한 이유가 있었고, 그 사실을 연락해서 말해 보자니 내가 속 좁고 소심해 보일까 봐 그것도 싫고. 어쩌면 나도 더는 엮이고 싶지 않은 것일지도 모르겠습니다. 그러면서도 그들에게 비칠 내 이미지가 그토록 스트레스를 받고 오해받을 것이 억울한 생각이 드는 때가 있었습니다.

할 말이 없어서 못 하는 게 아니라,
할 말이 많아도 그냥 하지 않는 것.

나를 더 알아보려 하기 전에
오해부터 하는 이들에게 어떠한 설명을 덧붙여도
처음부터 오해할 사람들은 오해할 거다.

오해할 사람들은 그냥 오해하도록 내버려 둔다.

내가 생각하는 사랑은 원래부터 아름답지 않았다

 중학생이던 때 에쿠니 가오리의 소설 「장미 비파 레몬」이라는 책을 보았는데 그 당시 나는 그 책의 내용을 전혀 이해하지 못했었다. 지금 생각해 보면 그 책은 지극히 평범하고 흔하면서도 담백한 '어른의 연애'가 담긴 책이지만, 당시의 내게는 조금 야하다는 느낌 외에는 내용을 이해하기도 어려워 이해하고 싶지 않았고, 그러면서 내가 생각하는 사랑과는 다른 '재미없는 어른들의 연애'라는 생각을 했었다.

 나는 사람도, 책도 현학적인 것은 선호하지 않아서 주로 실화를 모티브로 한 수필을 굉장히 좋아했는데 특히 김하인 장편소설 「잠이 든 당신」을 통해서 처음으로 목울대가 울렁거리는 사랑을 배웠던 것 같다. 실화를 모티브로 한 소설이라는 것에 중점을 둔다면, 내가 사랑을 할 때 그러한 사랑을 하리라 꿈을 꾸는 것은 그저 동경에 지나지만은 않은 꿈이었을 것이다. 아니, 적어도 그때의 난 그렇게 생각했다. 순수했던 걸까.

그렇게 나는 사랑에 대한 꿈을 키워나갔다. 붉은 실로 이어진 인연이라는 홍연을 좋아했으며 서로 다른 두 나무가 만나 하나가 되어가는 연리지 나무를 동경했다. 그 언젠가 내게도 사랑이 찾아온다면, 그 사랑은 분명 선영과 성민 같은 아름답고도 끈끈한 의리 있는 사랑일 것이라. 눈물 나게 아름다운 사랑을 시작했다면 그걸로 완성이라는 무식한 생각을 했었다.

난 일찍이 그랬으면 좋겠다. 많은 기대를 접었으면 좋겠다. 영웅은 난세에 난다고 했던가, 눈물 나게 아름다운 사랑은 눈물 나는 아픔이 있어야 빛이 날 수 있는 일이고, 극단적으로 어느 한쪽이 죽는다거나, 서로 원하지 않지만 외부적인 요인에 의해서 생때같은 이별을 하지 않고서야 우리가 상상하는 아름다운 사랑이란 현실에서는 흔히 볼 수도 경험할 수도 없었다.

현실에서는 그저 지극히 애정을 갈구하고, 투정하고, 부딪히며, 때로는 욕지거리가 오고 가고 헤어졌다가 붙었다가 하는 그런 것도 사랑이었다.

우리가 하고 있는 것도, 우리의 부모님께서 하신 것도 모두 사랑이었다. 그 끝은 무책임한 이별일지라도, 지금은 각자가 다른 길에 올라섰다고 해도, 그것은 분명 사랑이었다.

사랑에 정의를 내리지 말았으면 좋겠고, 큰 기대를 하지 않았으면 좋겠다. 책에서 보는 것처럼, 사랑엔 그렇게 많은 말이 필요치 않았으며, 글을 잘 쓰는 작가처럼 따뜻하고 아름다운 많은 말들로 표현해주지 않는다.

그저 내 옆에 있어 주며,
그래도 나와 함께 하겠다는 사람.

그 사람이 현재도 진행형인
현실에서 내가 하고 있는 사랑일 것이다.
그 사랑의 형태가 어떠할지라도.

좋아하는 법

저도 가을을 좋아해요. 저도 그 근처에 자주 가요. 이런 얘기들을 건네고 싶었어요. 하지만 별로 말하고 싶지는 않아요. 나 혼자 간직하고 싶은 예쁜 마음이기도 하고. 그런 거 있잖아요. 이런 마음을 들키게 되면 이상한 기류가 흐를까 봐. 혹시라도 그렇게 될까 봐. 그러다 결국에 그를 잃게 될까 봐.

우리는 생각보다 많은 사람을, 그리고 많은 것을 짝사랑하며 살아갈지도 몰라요. 굳이 꺼내어 보이지 않아도 괜찮잖아요. 그런 마음을 가져볼 수 있었다는 것에, 그 잠시의 설렘과 나날들 그 자체로 진취적이지 않을까요.

남자들에게 첫사랑은 평생 간다는 얘기가 있던데. 난 그게 이런 것이라 생각해요. 이루어지지 못한 사랑이라거나, 잠깐 스쳐서 내가 가진 감정을 미처 제대로 다 표현하지도 못했던 그런 마음. 아마도 영화를 보다가 중간에 꺼져서 더 이상 볼 수가 없게 된다면 그 영화의 다음 내용이 무척 궁금하고, 특별하게 느껴지는 마음이지 않을까요.

사실, 애달픈 마음이었을지라도 용기 내 마음을 표현하고, 이루어져 만나게 되었다면 지극한 현실의 벽에 부딪히며 이상과 현실 사이에서의 지독한 싸움과 괴리감을 맛볼 텐데 말이죠.

어쩌면 난, 모르고 싶은 사람일 지도 모르겠어요. 저는 꽤 이기적인 사람이라서. 그 사람에 대해 깊이 알아가는 것이 두렵기도 하고. 왜 그런 거 있지 않나, 나만이 간직하고 싶은 환상 같은 거.

그래서 난,
나의 짝사랑을 아름답게 지켜주고 싶어요.
내가 가졌던 마음이 그 자체로 아름다웠음을
지켜주고 싶으니까요.

찰나의 사랑이

나의 시절과 바꾼 인연일 거라면, 그가 조금은 의리 있는 사람이었으면 좋겠다. 그녀는 22살에 한 남자를 만났고, 지금은 35살이 되었다. 그 뜻은 그녀가 조금이라도 더 젊고 예뻤던 날을 그 사람의 옆에서 태워 왔다는 뜻이다. 다시는 오지 않을 젊고 예쁠 때를 오롯이 그 사람의 옆에서 흘려보내고 있다는 뜻일 지도 모른다. 나중엔 주름도 질 거고, 예쁘게 보이던 모습이 점점 덜 선명해지겠지만, 다른 사람들은 몰라도 그만큼은 알아주기를 바란다. 그 남자의 눈에만큼은 지난 세월만큼, 갈수록 특별하고 예쁜 사람이라는 게 더 선명해졌으면 좋겠다.

한 여자로 태어나 한 사람의 세월을 태워 곁을 지킨 사람이기에, 그 시절을 후회하지 않는다고. 내 젊음도 한창 예뻤을 시기도 아깝지 않았다고 생각할 수 있는 사람. 그런 사람의 옆에서 세월을 태우고 싶다.

사랑이라는 감정이 느껴지는 것, 그건 순간 찰나에 불과하다던데, 그 찰나가 계속 이어지는 관계란, 그건 정말 축복일 거야.

찰나가 계속됐을 때 그건 비로소 빛나는 사랑일 거다. 별이 왜 빛나겠는가. 반짝, 다시 반짝, 빛나는 순간들이 이어지기 때문에 별이 아름다운 것이다.

어느 한순간의 찰나,
우린 서로에게 빠졌고
그 찰나의 찬란함을, 그 아름다움을,
빛났던 우리의 그때, 그 찰나를
함께 기억해주면 좋겠어.

대화가 필요해

우연히 집에서 영화 '내 아내의 모든 것'을 보다가 영화가 거의 끝나갈 무렵, 극 중 여주인공이 하는 말에 펑펑 울었던 적이 있다. 극 중 그녀는 사랑스러우면서도 까칠하고, 맞는 말 같으면서도 가시가 돋은 말로 주변 사람들로부터 미움을 사거나 질타받는 대상이었다. 자신도 그게 어울린다고 하고, 편한 것 같던 그녀였지만, 막상 사람들이 호의를 가져주자 그것을 마음껏 좋아할 줄 아는 사람이었다. 그런 그녀가 모든 것을 잃고 느낀 회의감에 토하듯이 뱉어냈던 얘기는 이러했다.

"사람들이 제게 말해요. 말 많다고. 뭐 그것도 부정적인 쪽으로만. 네, 맞는 말이에요. 하지만 아무 말도 하지 않는 사람보단 낫지 않나요? 살다 보면 말이 없어져요. 한 사람과 오래 대화할수록 더 그렇죠. 서로를 다 안다고 생각하니까 굳이 할 말이 없어지는 거예요. 근데 거기서부터 오해가 생겨요, 사람 속은 모르는 거잖아요. 그러니까 계속 말을 시키세요. 말하기 힘들 땐 믹서기를 돌리는 거예요. 청소기도 괜찮고 세탁기도 괜찮아요. 그냥 내 주변 공간을 침묵이 잡아먹게 놔두지 마세요. 살아있는 집에서는 어떻게든 소리가 나요 에너지라고들 하죠. 침묵에 길들여지는 건 정말 무서운 일이에요. 다만, 저처럼 너무 부정적인 말은 금물이에요 상대방이 지겨워 할 수도 있거든요."

극 중 여주인공의 마음이 꼭 나와 같아서 그토록 눈물이 났던 걸까. 나도 그랬었다. 싸우기 싫어서 말을 많이 했고, 사과를 받기 위해 따지던 것이 아니라, 대화를 통해 서로의 오해가 풀리기를 바랐다. 관계가 죽은 것처럼 느껴지고 싶지 않아서 침묵을 싫어했다. 내가 잘못해서가 아니라 관계가 소중해서 먼저 사과했다.

나에게 소중한 이들이, 나와 대화를 해줬으면 좋겠다. 그 어떤 대화라도. 더 이상 대화가 오고 가지 않는 관계에서는 그 어떤 의미도, 발전도 기대하기 힘들 테니까.

대화가 단절된 관계는 아무런 의미도 없잖아.

누구를 탓할 수 있겠어

"사랑의 충족은 언제나 자신에게 있음을 기억하자."

사랑하면 눈이 멀어버린다는 이야기가 있다. 누군가를 만나 뜨겁게 사랑했고, 그 끝에서 그들은 이별했을 것이다. 그 이유는 본인이 느끼기에 상대가 자신을 진심으로 사랑하지 않고, 처음과 다르게 너무도 변해갔다고 생각했기 때문이었다. 그는 누군가를 그토록 미워했고 늘 사랑에 목말라 했었다.

"그렇게 네가 미웠고, 너의 사랑이 고팠었는데. 시간이 지나 생각해 보니 그 사람은 굉장한 사랑을 내게 주고 있었는데, 내 사랑이 더 커 그것들이 가려져 느끼지 못한 거더라."

그는 사랑받지 못하던 불행한 사람이 아니라 그가 가진 마음이 너무도 커, 주체를 할 수 없었다. 그래서 상대방이 해주던 표현과 사랑을 온전히 누리지 못했다. 좋아하다 보니. 내가 너무 좋아하다 보니. 내게 잘해주는 것도, 내게 해주는 선물도, 그가 나를 사랑하고 있는 마음을 하나도 느끼지 못했다.

"내가 적당히 좋아했거나, 좋아하지 않았더라면 그 모든 것에 상대의 애정과 노력을 느꼈을 텐데…."

그는 나를 떠올리며 고른 마음을 담은 꽃도 선물해주었고, 자신의 것을 아낌없이 토해내어 주었다. 나는 내가 가진 마음만큼 그에게 받은 꽃을 마를 때까지 간직했고, 그런 그의 마음이 고마워 그에게 내 세상을 전부 내주었다.

그랬을 것이다. 분명 그는 나에게 마음을 표현하지 않았다거나 작은 것들을 내어준 것이 아니었는데. 내가 주었던 마음이 너무도 크다 보니 사랑이 너무도 작게만 느껴졌었다. 그렇게 나는 내 사랑에 눈이 가려져 그의 사랑을 헐뜯었고 홀로 목마름에 지쳐가다 이별하고, 홀로 아파해야 했다…. 모든 사랑의 목마름의 시작은, 본인의 마음이 더 컸기 때문에 상대방이 해주는 것이 작게 느껴지는 것이다.

그러니 애정에 척도를 만들어
그 틀에 상대를 맞추려 하고 홀로 상처 입어 아파하기보다는,

주는 사랑의 기쁨을 먼저 깨달아서
받는 그보다 주는 내 마음이 훨씬 풍족할 수 있기를.

말 한마디

"말 한마디가 천 냥 빚을 갚는다."라는 얘기가 있다. 우리는 종종 누군가가 던진 의미 없는 말 한마디에 밤을 뒤척이며 불편한 마음에 시달린다거나 아무짝에도 쓸모없는 말 한마디에 불쾌한 기분을 느끼기도 한다. 이처럼 '말 한마디'는 누군가를 웃게 할 수도, 울게 할 수도 있는 감정의 최전선에 있는 수단일 것이다. 조금은 극단적으로 누군가를 살릴 수도 죽일 수도 있는 그 말. 말 한마디.

우리는 늘 어떠한 수단으로라도 대화를 통해 살아가고, 꾸준히 소통하고 있으며 그 소통으로 연결된 사회에서의 구성원으로서 살아가고 있다. 그만큼 누군가의 말 한마디의 무게란 역설적으로, 나의 말 한마디도 중요한 것이라는 얘기다.

일례로 이런 일이 있다. 서로 사랑하는 사이에서 그 주변 사람들의 말 한마디로 인해서 헤어지는 커플들. 친구들 사이에서 누군가의 말 한마디로 관계가 망가지고 멀어지는 사이들. 물론 그로 인해 멀어질 사이라면 처음부터 두텁지 않았다거나, 잘못된 인연이었으리라 생각할 수도 있지만. 문제의 화근에는 '그 누군가'가 던진 아무 의미도 무게도 없는 그 '말 한마디'에 누군가는 의심을 사고, 누군가는 의심이 확신이 되며, 누군가의 인생을 크게 흔들어버릴 수도 있는 것이다.

내가 누군가를 충분히 사랑하고, 이해할 수 있는 일임에도 타인을 의심하고 미워하고 오해하게 만드는 나쁜 일. 물론, 주변 사람의 말 한마디도 걸러 듣지 못하는 사람이라면 만날 이유가 없고 그런 사람이라면 어쩌면 인연이 안 된 것이 다행이라며 긍정적인 결과로 여겨볼 수도 있겠지만, 중요한 것은 멀쩡한 관계를 누군가의 말 한마디로 인해서 망가트릴 수도 있다는 것. '아니 땐 굴뚝에 연기 나랴'라는 옛 속담도 있기는 하지만 늘 문제의 서두에는 누군가의 이야기를 꺼내오는 '그 사람'에게 있다.

가혹하고 부정적 뜻이 함축된 증상의 말들을 피하라.

- 데이비드 J.리버만 -

어떤 친구

내가 생각하는 좋은 친구란, 내 친구의 연애까지 살필 줄 아는 배려가 있는 사이다. 그런 친구가 있다. 남자들의 관계로 예를 들 때, '너는 네 여자친구(아내)한테 왜 그렇게 붙잡혀 살아? 여자가 그렇게 소중해? 우리 보다?' 이런 말로 은근히 자존심을 건드리기도 하고, 친구의 연애 또는 가정을 조금은 소홀히 하기를 재촉하는 줄도 모른 채 본인과 함께할 것을 더 강요하는. 그 친구가 자신의 애인 또는 가정이 우선이라는 자체를 루저(roger) 취급하며 은근히 조롱하듯 괄시하며 우정이라는 핑계로 그의 인생을 흔들리게 하고 불화를 돋우는 친구들이 있다.

반면에, 친구가 데이트한다면 언제든 그를 보내주고 그녀와의 약속을 함께 우선시해주며 그 친구가 하고 있는 연애나 결혼으로 인해서 속상하다는 연락이 온다면 언제든 통화에 응해주고 진심을 다해 상담해주기도 하며 별것 아닌 큰 이유라면 쉽게 '헤어져. 뭐 하러 만나냐. 세상에 여자 많다.'라는 말 대신, '제수씨도 그럴 만했네. 네가 좀 참고 먼저 사과해. 네가 더 잘 해줘.'라며 다독여주는 그런 친구도 있다. 연애 또는 본인의 가정에 여념 하느라 연락도 없다가 어느 날 문득 술 한 잔 기울이자면 기분 나쁜 내색 없이 선뜻 만나주는 그런 친구.

여자들의 경우에도 다양한 친구들이 있다. 서로의 연애와 결혼생활을 과시하며 전셋집인지, 매매인지. 어느 식장에서 결혼했는지 남편이 하는 일은 무언지 남편이 잘해주는지 아닌지. 보이지 않는 경쟁 아닌 경쟁을 하는 친구들이 있다. 반면에 나의 한 시절을 함께했던 내 기억 속의 어린 모습을 한 나의 귀여운 벗이 이제는 어느새 어엿한 여인이 되어 한 남자의 여자로 살아간다는 게 새삼 실감이 안 나기도 하지만 내 친구는 이제 나의 친구이기 보다는 한 남자에게 가장 친한 친구가 되어줄 것이라는 걸 인정하고 그저 그 친구가 속상하다며 울면서 전화를 걸어오는 날이 없기를. 그저 친구가 조금이라도 행복할 수 있기를. 결혼 생활은 다르고 서로 연애의 스타일이나 결혼생활의 생활방식은 달라도 분명 서로의 행복을 빌어주는 친구 사이가 있다.

바깥사람들과 경쟁하기만 해도 벅찬 세상에서,

먼발치에서라도 언제든 의지할 기둥 하나 즘 세워주는 것이

친구 아니겠는가.

내 결혼식엔 몇 사람이나 올까

　내 결혼식엔 몇 사람이나 올까. 나는 내 친구들과 농담 삼아 결혼 얘기를 할 때면 결혼식에 부를 친구들이 몇이나 될까 그 수를 헤아리곤 한다. 사실, 어렵게 헤아릴 것도 없었다.

　난 어릴 때부터 주변에 따돌림당하는 친구가 있어도 꿋꿋이 만나곤 했었다. 다른 내 주변 아이들이 다들 그 아이를 싫어하고, "왜 만나냐", "만나지 마"라는 얘기를 줄곧 해온다고 하더라도, 나는 꿋꿋이 만났었다. 그만큼 난, 누가 뭐래도 내가 좋은 사람들을 만났고 반면에 누가 뭐래도 내가 싫어하거나 마음에 들지 않는 인연들은 가차 없이 끊어내고 살아왔다.

　덕분에 난, 지금도 꽤 손에 꼽을 정도로 내가 싫어하는 사람들과 나를 미워하거나 싫어할 사람들이 적지 않게 존재하고 있다. 어릴 때 함께한 친구였지만 지금은 안 보고 사는 사람도 있고, 한 시절의 추억을 함께했던 깊은 사이였지만 내 말실수 한 번으로 언젠가부터 나를 차단한 사람도 있다.

살다 보면 나도 모르게 불편한 사람들이 생긴다. 서로 좋아했던 사이였다거나, 싸웠다거나, 때로는 그 친구가 싫어하는 사람이라며 같이 험담했는데 어느새 그 친구가 욕하던 친구를 만나고 있다거나.

살아가는 날이 많아질수록, 나를 싫어하는 사람, 또는 내가 싫어하는 사람들이 필수 불가분하게 생겨난다. 그러다 보면, 그 주변에 또는 그와 엮인 사람들에게 어느새 나는 불편스러운 존재가 됐을지도 모른다.

관계란 어떤 의미에서 거미줄처럼 엉켜있는 것이라서 학교에서도, 직장이나 사회생활에서도 이리저리 얽히고설킨 관계가 많다. 그렇다 보니 그 주변의 사람들에게 본의 아니게 불편을 주거나 민폐가 되는 일이 꽤 자리할 것이다. 나를 싫어하거나, 내가 싫어하는 사람들. 그 속에서도 그사이 어딘가에 자리한 사람들은 나를 대할 때도, 그쪽에서 나를 바라볼 때도, 여러 의미로 나는 참 불편스러운 존재일 지도 모르겠지.

그런데도 여전히, 내가 싫어하는 사람과 나를 싫어하는 사람들을 사이에 두고도 나와 연락하고, 늘 나를 챙겨주며, 나를 만나고 있는 주변 사람들에게 감사함을 느끼곤 한다. 불편할 텐데. 때로는 그들을 만나며 내 눈치를 살필 것이고, 나를 만나며 그들의 시선을 느끼곤 할 텐데. 참 미안하고도 고마운 일이다.

물론 내 결혼식엔 많은 친구들이 오지는 않겠지만, 모진 눈치와 시선을 안고 나를 만나러 와 준 진정한 내 사람들 하나만 되더라도 내 결혼식은 충분히 빛 날 것이다. 수많은 모래알 속에서 받는 축하는 빛이 나지 않을 테지만, 하나의 보석이 해주는 축하는 태양 아래서 가장 빛날 테니까.

앞으로도 난 꿋꿋이 내가 좋아하는 사람들을 챙기고 살 것이며, 그 언젠가 내가 받은 만큼, 내 마음만큼 내 사람들에게 베풀며 살아갈 것이다.

때로는 무리 지어 도란도란 애처롭게 피어 있는 꽃보다
오직 혼자서 당당히 피어 있는 꽃이 더 아름답다.

SNS는 컨셉

 저도 SNS를 하다 보니 어느 날은 제 피드를 둘러보다 문득 제 자신이 참 낯설다는 느낌을 받았던 적이 있었습니다. 사진과 글을 업로드 했던 당시를 회상하면 저는 분명 지독하게 힘들어하던 시절이었고, 다시는 돌아가기 싫을 만큼 힘든 나날들을 보내던 때였을 텐데…. 피드에 있는 사진 속 저는 내색 없이 해맑게 웃고 있었고, 사진과 함께 작성된 글에는 여느 때와 다름없이 편안한 말투로 아무렇지도 않게 이전과 같이 글을 썼단 사실에 얼마나 깊게 페르소나가 진행된 건지… 제 자신이 너무도 낯설었고 이질감마저 느껴졌습니다.

 생각해보니 SNS를 습관적으로 해오지 않았나 싶더라고요. 내가 남기고 싶은 순간들만 말이죠. 그러다 보면 내가 그렇지 못한 순간에도 여전히 나는 그러한 사람으로 피드를 장식하고 있지는 않았나 싶은 생각이 들었습니다.

SNS를 하다 보면 늘 비싼 것과 좋은 것만 취하고 사는 인생들이 있어요. 그들은 늘 행복해 보이고 걱정 하나 없이 마음껏 인생을 즐기기만 하는 것 같았어요. 태어날 때부터 나와는 다른 삶을 사는구나 싶은 사람들 말이에요. 반면에 유독 힘들어하고 늘 우울하고 어두운 모습으로만 비치는 사람들도 종종 있어요.

그런데 저를 포함한 주변 사람을 유심히 지켜보니 그들의 피드는 그저 그들의 컨셉의 방향을 담아내는 컬렉션일 뿐이었습니다. 늘 좋은 곳에 가고, 행복한 모습만 보여주는 그들은 행복한 순간에 집중하는 대신 사진을 남깁니다. 반면에 늘 우울한 모습으로 피드를 장식하는 사람도 어느 날은 누구보다 행복한 하루를 보냅니다. 그렇게 행복한 나날들을 보내다가 일이 잘 안 풀리거나 다시 또 힘들어지면 본인의 힘든 감정을 컬렉션하러 오는 겁니다.

여러분의 SNS도 그러하듯, 모두의 SNS는 그저 그들이 남겨두고 싶은 모습일 뿐입니다. 그러니 너무 질타할 이유도, 질투할 이유도 없습니다. 그저 길 가다 마주하고 스쳐 보내는 사람들처럼 '이런 사람도 있구나', '저런 사람도 있구나' 하고 생각만 하고 지나치는 편이 이로울 것 같아요. 인터넷 세상에 깊게 빠지게 되면 득보다는 실이 많은 건 분명한 것 같으니 말이에요.

질투도, 질타도, 지나친 관심도 서로에게 득 될 것이 없잖아요. 각양각색의 온갖 물건을 진열해놓은 마트처럼 SNS는 그저 누군가의 컨셉 모음집일 뿐입니다.

아웃사이더

　사회성이 좋지 않은 것과 맞지 않는 사람들이 속한 세계에 갇혀 있는 것은 명백히 다르다. 어릴 때와 제법 자랐을 때의 난, 세상을 보는 관점이 두 개로 나뉘었다. 광의적으로 이 세계는 굉장히 넓고 크다. 하지만 광활한 우주와 세계가 전부 내 것은 아니듯, 사실 한평생에 내가 발 디딜 수 있는 곳이란 굉장히 한정적일 것이다. 그러면서도 누군가가 나에게 세상이 어떠냐고 물어본다면 나는 넓고 광활한 우주나 지구에 대해서 아니면 좀 더 협의적으로 세계가 돌아가는 것에 대한 시사를 논하거나 살아가는 현실의 구조적인 문제 등의 대답을 하겠지만, 사실 내가 인지하지 못하는 나의 세상은 참으로 좁고, 한정적인 곳이었다.

　어릴 때부터 가고 싶은 나라가 있었지만 내가 아직 가본 해외라고는 일본. 그것이 전부였다. 앞으로도 살면서 돈을 열심히 모으고 시간과 여유가 주어져 내 버킷리스트에 있는 영국 런던과 미국 뉴욕, 라스베이거스 정도만 가본다면 나는 죽기 전에 꽤 괜찮은 삶이었다고 만족할 것 같다.

지금 나의 세상이란 가족 구성원으로서의 삶, 직장에서의 능력, 친구들 사이에서의 자리다. 나는 부모님을 위해 성공하고 싶고, 번듯한 집을 가지고 싶으며 방 하나를 서재로 만들어 내가 읽은 책으로 책장을 가득 채우고 싶다는 로망과 돈을 많이 번다면 기부도 하고 싶다는 생각을 한다. 부러울 정돈 아니어도 꽤 원만한 가정을 꾸리고 싶다거나 내가 속한 사회에서 능력을 인정받고 싶거나, 친구들 사이에서 원만한 소통과 호감을 주고받는 친구로 자리매김하는 것. 아마 이런 것들이 내가 원하는 전부일 거다. 그렇다면 나에게 세상이란, 월드(world)일까 마인(mine)일까.

내가 운영하는 페이지에는 늘 많은 친구가 고민 상담을 해온다. 대부분은 연애, 그리고 친구, 가족 간의 문제인데 그중에서 가장 비슷한 패턴을 보이며 '이걸 어떻게 설명해주어야 이 친구가 좀 더 상처받지 않고 받아들일 수 있을까…' 하는 고민을 하게 만드는 사연은 왕따를 당하고 있는 친구들이다.

그 친구들이 가장 안쓰럽게 느껴지는 이유는 왕따를 당하고 있어서가 아니라, 왕따라는 사실에 슬퍼하고 기죽는 모습 때문이었다. 이런 친구들에게 늘 해주는 얘기가 있는데, 그 세계가 전부라는 생각은 말라는 얘기였다.

"사실 네가 있는 곳은 그저 아주 작은 우물 중에 하나일 뿐이야. 그 안에서 지금 자기들이 잘 났다고 으스대는 개구리들은 사실 우물 밖을 나서는 순간 아무것도 아닌 것들일 걸. 지금 너를 힘들게 하는 네가 속한 세계는 잠시 지나가는 정류장 같은 곳일 뿐. 지금은 그 학교가 전부인 것 같고, 그곳이 곧 너의 세상 전부인 것 같겠지만, 그 친구들이 세상 사람을 대변하는 것처럼 느껴질 테지만. 조금 더 살다 보면 세상은 아주 넓고 학교는 셀 수도 없이 많은 데다가 곧 너희들 모두가 상위 학교에 가고 대학이나 직장과 같은 사회에 나가면서 그렇게 또 다른 세계를 계속 경험하며 살 게 될 거야. 너랑 맞지 않는 사람들에게 상처받고 다치면서까지 너무 애쓰지 마. 지금 속한 세계가 마음에 들지 않으면, 또 다른 세상으로 이동하면 돼. 현재 네가 겪은 세계는 정말 이 세계에서 수 천, 수백만 분의 1밖엔 안 될 거야. 비눗방울에 갇힌 것처럼 아주 작은 곳에 갇힌 아이야. 갇힌 세계에 살며 인생을 낭비하고 스스로를 너무 괴롭히지 말았으면 해."

너와 맞지 않는 사람들을 만났을 뿐인데,
꼭 네가 틀린 사람처럼 자책하거나 슬퍼하거나
기죽지 않았으면 좋겠어.

지나친 관심은 관계를 시들게 한다

　식물을 키우기를 좋아했다. 산세베리아, 빅토리아 산데리아, 호야 등등, 비슷하게 생긴 초록빛 식물들이지만, 웬만한 관엽식물들은 이름도 생김새도 다 알 정도로.

　키우기 쉽기로 유명한 관엽식물이기도 하고, 내 공기를 정화해 줄 것이라 믿어 더 소중히 여겨주었다. 분갈이도 해주었고, 물도 부족하지 않게 주었으며, 볕이 필요하다면 볕이 드는 곳에, 서늘한 곳에 두어야 한다면 그곳에 꼭 알맞게 비치해주었다. 여기저기 인터넷도 검색해보고 알아보고 열심히 공부했다. 식물일지까지 작성해가며 정성을 다해 키웠다. 그런데, 아이러니하게도 내가 쏟은 애정과 정성이 야속할 만큼 그 식물들은 끝까지 살아주지 못했다.

　시간이 지나 생각해보니, 나는 식물에 물을 안 줘서 죽인 적은 없었다. 지나친 내 관심과 걱정 탓에, 물을 너무 많이 또는 자주 주어서 그랬던 것이다.

어느 날 우연히 집에 들이게 된 식물이 아직도 살아있는 것을 보았다. '미안하게도, 난 정말 너희들의 존재를 잊고 살았는데…' 관심을 크게 가지지 않았고, 주의를 기울이지 않았던 식물들이 이제껏 잘 살아있다니, 아이러니한 일이다.

관계란 그런 것이었다. 난 단지 좋아해서, 잘해주고 싶어서. 혹여나 잘못될까 봐, 잃을까 봐, 그래서 그냥 더 신경 써주고 더 노력했을 뿐인데. 너를 지키고 싶어서, 그래서 더 소중히 대해줬다고 생각했는데. 그렇게 우리 관계를 망쳐가고 있었다.

지금 난 내 주변 모두에게 무심함으로 일관하는 노력을 기하고 있다. 그래, 이 관계가 이어진다면 좋고. 아니면 할 수 없고. 딱 이정도의 무관심함이 좋은 것 같다. 마음으로는 적당히 기대하지만, 겉으로는 집착하지 않는 태도를 많이 연습하고 있다. 결과적으로 붙잡지 않아도 남아있는 관계가 많아졌으며, 애써 노력하지 않아도 나를 찾아오는 관계가 많아진 지금을 볼 수 있었다.

모르는 척

때로는 관계에 있어서 적당한 거리가 관계 유지에 핵심이 될 때가 있는 것 같다. 연애와 결혼에 대한 어떤 웹툰을 봤었는데, 배우자가 바람을 피우고 있다는 것을 알면서도 따져 묻지도, 화를 내지도, 울고불고 소리치지도 않는 모습에 도저히 이해할 수 없는 답답함이 느껴진 적이 있었다. 하지만 그건 사랑하지 않거나 소중하지 않아서가 아니더라. 애써 모르는 척할 뿐이었다. 스스로에게 마취제를 놓듯, 통증을 줄이기 위한 외면 또는 모르는 척이라는 거다.

팽팽한 애정은 서로 팽팽하게 당기는 만큼 싸움이 잦을 수밖에 없고 불화와 파편이 끊임없이 발생할 수밖에 없다. 그는 나를 당기고 나도 그를 당긴다면 관계는 팽팽한 긴장감으로 가득하고 언젠가 갑자기 끊어질지도 모른다는 얘기다. 반면 한쪽은 당기고 한쪽은 느슨하다면, 더 열심히 당기는 쪽이 언젠가 제힘에 자기가 떨어져 튕겨 나가넘어질 것이라는 거다. 지나친 간섭과 애정은 상대를 옥죄이게 하고 그 결과 양날의 검이 되어 내가 좋아하는 상대와 나를 동시에 찌르기 때문이다.

그래서 때로는 그냥 모르는 척,

아무렇지 않은 척, 감흥 없는 사람이기를

자처하게 되기도 하는 것 같다.

사랑의 정의는 책임감

 사랑은 선택이지만, 책임감은 그 사람의 본성이다. 많은 연인이 때로는 권태기를 겪는다. 하지만 분명한 건, 서로를 좋아하고 '이겨내야겠다.' 즉, 이 '관계를 지켜야겠다는 마음'만 있다면 권태기 따위는 아무런 문제가 되지 않는다. 오히려 비 온 뒤의 흙이 더 단단히 서로를 붙잡듯 그렇게 관계를 두텁게 만들어갈 둘만의 추억이 하나 더 늘어난 셈이라 생각한다. 이겨내야겠다는 마음만 있다면 이겨내지 못하는 커플은 여태 본 적이 없었다.

 유독 많이 싸운다는 건 서로 그만큼 많이 사랑한다는 거고, 내가 상대방으로 인해서 많은 스트레스를 받는다는 건 그만큼 상대의 가치가 내게 크다는 게 부정할 수 없는 사실이다. 하지만 이를 옳은 방식과 가치관으로 헤쳐 나아가려는 사람보다 그냥 무작정 쉽게 이별을 먼저 생각한다면 나는 그들이 삶을 살아가는 태도에 대해서 안타깝다는 생각이 든다.

물론 어린 나이라면, 관계의 깊이나 시간이 크지 않다면 헤어짐 또한 현명한 선택일지도 모르지만, 어느 정도 책임감을 가질 만한 나이라면, 게다가 오랜 시간 함께한 깊이가 있는 관계라면 한 때 인생의 한 자락을 나눠주고 삶을 공유하던 사이에서 큰 문제나 극복할 수 없는 사건이 생긴 게 아닌 단순히 권태기만으로 헤어짐을 생각하는 무책임한 태도로 인생을 살지는 않았으면 좋겠다.

때로는 용서할 수 없는 잘못도 용서해주는 것, 그게 사랑일 것이다. 남들은 쉽게 용인하지 못하는 나의 모습과 나의 단점까지도 이해해줄 수 있는 사람이 필요하다. 내가 항상 잘났고 잘하는 사람인데 나를 싫어하거나 안 좋아해 줄 사람은 없다. 나의 못나고 부족한 점, 내 실수와 잘못까지도 덮어줄 수 있는 사람, 그 사람이 내게 특별하고 남다른 사람이지 않을까. 연애는 둘이 마주 보고 해야 연애고, 사랑은 서로 같은 곳을 향해 걷는 거니까.

"변하지 않는 사랑? 변하지 않는 게 있다고 생각해?"
"의지를 갖는다면. 예전엔 사랑이 감정의 문제라고 생각했는데, 헤어지고 생각해보니까 의지의 문제였어. 내가 이 사람을 얼마나 좋아하느냐가 아니라, 이 사랑을 얼마나 지키고 싶은 의지가 있느냐의 문제."

-'연애의 발견' 대사 중 -

All love that has not friendship for its base,
is like a mansion built upon sand.
의리가 바탕이 되지 않는 사랑은 모래 위에 쌓은 성과 같다.

온도 차이

우리의 언어에는 온도가 담겨 있어요. 우린 살면서 많은 사람을 마주할 거예요. 그리고 그 기억 속엔 그 사람에 대한 잔상이 남습니다. 그 잔상을 형성하는 데에는 그 사람의 배경과 외모만큼이나 중요한 비중을 차지하는 것이 하나 있는데, 그건 바로 그 사람이 가진 '이미지' 즉, 나에게 비추는 그 사람의 성격과 특성 등 모든 전반적인 분위기를 모두 함축한 형상일 거예요. 그 이미지를 형성하는 데에는 그 사람이 평소 사용하는 말들과 대화할 때의 화법, 그리고 그의 언어의 온도에서 비롯될 겁니다.

때때로, 우리는 말하지 않아도 느낍니다. 아니, 느껴집니다. 상대방이 나를 대하는 온도가 몇 도인지, 몇 도에서 출발해서 몇 도로 달아올랐는지, 혹은 몇 도로 식어버렸는지.

모든 사람의 언어에는 온도가 있어요. 마찬가지로 모든 관계에는 분명 온도가 있습니다. 처음부터 차갑던 온도에서는 작은 온기만 돌더라도 우린 쉽게 따뜻함을 느낍니다. 반면 따뜻한 온도를 가진 그를 좋아했는데 어느 순간부터 나를 차갑게 대한다면 그 추위가 얼마나 더 크게 와 닿을까요. 말로는 표현할 수 없는 충격과 배신감 또는 상실감이 몰려올 거예요.

저는 버킷리스트에 꼭 가고 싶은 나라가 있는데요. 그냥 그 나라가 가진 느낌만으로도 제게는 로망이 되는 곳이 있어요. 런던은 비가 많이 오기로 유명하지만, 1년 내내 봄과 가을 같은 날씨만이 이어집니다. 계절이 크게 변하지 않는다는 이야기지요. 저는 제가 마주하는 사람들도 그러했으면 좋겠습니다. 변덕스러운 날씨처럼 시시각각 변하기보단 한결같은 온도를 담은 사람. 그런 사람이 되어, 그런 사람을 사랑하고 싶습니다.

따뜻한 온기를 품은 언어를 담기를-

대화의 방법

　대화의 기본은 경청이지 대답이 아닙니다. 대화를 나누고자 하는 상대방이 전하고 싶어 하는 말의 의미를 전혀 파악하지 못한 사람은 대답할 자격이 없습니다. 대답하기에 앞서 이 사람의 감정을 이해했는지, 이 사람이 전하고자 하는 의미를 파악했는지를 먼저 헤아려보지도 않은 채 OMR카드에 답안지 찍듯 형식적으로 대답하지 마세요. 문제를 읽고 답을 작성하는 것이 대답이고 대화의 기초입니다. 읽지도 않은 문제를 기입하는 건 찍는 겁니다. 찍어서 틀려도 괜찮아질 관계라면 당신은 그 상대방과 진솔한 대화를 나눌 자격조차 없는 사람입니다.

　반대로 들을 준비가 되지 않은 사람에게 혼자 일방적으로 떠드는 것 또한 대화할 자격이 없는 겁니다. 대화는 내 이야기를 듣고 싶은 사람과 하는 것이고, 대답은 내 이야기를 들은 사람에게 듣는 것입니다.

듣지 않는 상대를 향해 떠드는 것은 그저 소음입니다.
듣지 않고 상대를 향해 답하는 것은 무지의 무례입니다.

기다려주세요

아마도 우리는 태어날 때부터 젓가락질을 잘하지 못 했을 겁니다. 부모님은 우리를 기다려주었을 테지요. 당신께서는 자유로운 젓가락질이, 우리에겐 그게 뭐라고 그다지도 힘들었을까요. 이때, 부모님은 대개 우리에게 화를 내거나 그 일로 내치지 않으셨을 겁니다.

사랑도 마찬가지예요. 우리는 항상 기다림을 필수로 생각해야 해요. 내가 잘하는 일도 상대는 능숙하지 못 할 수 있고, 상대가 능숙한 것에 내가 미숙할 수도 있다는 걸요.

서로에게 꼭 필요한 것은 '기다림'과 '인내'입니다. 기다려주세요. 아직은 마음에 들지 않더라도. 아직은 안 맞아서 조금 버겁고 힘들더라도.

자존감이 낮은 사람

　자존감이 낮은 상대를 만나고 계신가요? 아니면 본인 스스로가 자존감이 낮다고 생각하고 계실까요? 저는 자존감 낮은 사람 특징이라며 여기저기 떠도는 글을 볼 때마다 조금 당황스럽습니다. 그 특징이라는 얘기들은 대부분, 저에게 해당되거든요.

　자존감이 낮은 사람은 남 눈치를 많이 본다던데. 실제로 저는 자존감이 꽤 낮은 사람입니다. 그런데도 남들 눈치는 별로 안 보는 편입니다. 제가 관심을 가지지 않는 사람들이 나를 안 좋게 보든, 어떻게 생각하든 크게 개의치 않습니다.

　저는 누군가와 어떤 한 일화에 대해서 가끔 그때의 내 말과 행동이 잘못되지는 않았었나, 당시의 내가 누군가에게 실수한 건 아니었을까 생각해보곤 합니다. 그 이유는 그 사람이 나름 제게 중요한 사람이기 때문이고, 행여 내가 실수한 게 있다면 그런 나를 반성하고 다시는 반복하고 싶지 않기 때문입니다. 저는 이런 일련의 행동들이 제가 속이 좁거나 소심해서가 아니라 더 나은 사람이 되기 위한 일이라고 생각하거든요.

자존감이 낮아서 상대의 사랑을 확인하려고 한다던데. 내가 누군가에게 사랑을 자꾸만 확인받으려고 한다면 내가 이 사람을 많이 좋아하고 있지만 그 사람과 주고받는 표현과 방식이 아직은 서로 맞지 않아서 맞춰가는 과정에 있기 때문일 겁니다. 그의 사랑을 의심하거나, 내 스스로의 자존감이 낮거나, 제가 애정결핍이 있어서가 아니라 그와 나의 살아온 세월과 환경만큼이나 나의 방식과 그의 방식은 서로 상이할 테니, 상호보충을 위한 일련의 과정 중의 하나일 거라 생각해요. 제 스스로의 자존감 때문이라고는 생각하지 않습니다. 저는 만약 자존감이 낮았다면 어떠한 노력도 없이 관계를 정리했을 것 같거든요.

SNS에 집착하면 자존감이 낮은 거라던데. 과한 집착은 물론 좋은 현상은 아니겠지만 적당한 관심과 동요는 당연한 시대라는 생각입니다. 사람은 원래 혼자서는 살아갈 수 없는 동물이잖아요. 소셜네트워크(social network)는 즉, 사회적인 관계망이잖아요. 그렇다

보니 좋아요(like) 나 사람들의 반응에 귀 기울이고 신경 쓰게 되는 건, 이 시대에 맞는 당연한 결과가 도래한 것 아닐까요?

내 관심사에 속하는 것에 귀를 기울이게 되고, 영향을 받는 건 어쩌면 당연한 결과를 도출해내는 것뿐인데. 왜 자꾸 뭐든지, 뭘 하든지 간에 자존감이 낮아서 생긴 일이라고 결부시키는지 모르겠습니다. 그 모든 건 관심의 여하지 자존감의 문제는 아닐 텐데요.

물론 거두절미하고 진짜 자존감이 많이 낮은 사람들이 있습니다. 근데 이런 사람 중 굉장히 선한 분들이 많습니다. 늘 타인을 배려하기 위해 눈치를 보고, 매사 스스로에게 거듭 문책하며 타인보다는 자신을 자책하는 사람들입니다. 오히려 사려 깊고 속 깊은 사람들이지 못나서 그런 건 아닐 테지요.

결론적으로 자존감은 절대 누군가가 대신 채워줄 수가 없어서 스스로 만들어가야 하는데, 내 행동과 결과들에 대해서 내가 '자존감이 낮았기 때문이다' 또는 '내가 자존감이 낮다'라며 위축되게 만드는 생각부터 버리셨으면 좋겠습니다.

마음껏 울고, 소리치고, 구차해지며, 사랑해보라

 욕설이 오가는 싸움, 고성방가, 가벼운 몸 다툼, 경찰의 제재 등 좋은 사례는 아니고 더욱이 일어나면 안 될 일이지만 이왕 겪어야 할 일이라면 20대에 일어나는 편이 50대에 일어나는 것 보단 낫지 않겠는가. 추해질 거라면 일찍이 추해져 보길 바란다.

 지금 그렇게 멋있다는 남자친구, 사랑꾼이라며 자랑하는 친구들 부러워할 필요가 없다. 그 누구의, 어떠한 사랑의 형태 앞에서도 기죽을 필요가 없을 것이다. 훗날 그 배우자가 어떤 사람일지는 그 누구도 모르는 것일 테니, 속단하기엔 이르다.

 가능한 많은 사람을 만나보는 편이 낫다. 가릴 필요가 없다. 내가 좋아하는 사람도 만나보고 나를 좋아해 주는 사람도 만나보는 편이 사람을 보고, 가리고, 내가 어떤 성향인지 어떤 니즈를 가졌는지를 판단할 수 있는 훗날의 지표가 된다. 그러니 가능한 한 많은 사람을 만나보라.

관계에 대한 기대보다는 나의 만족도를 찾아라. 이 사람이 변할 거라는 기대. 이 관계가 나중에는 바뀔 거라는 기대. 그런 변화를 기대하기보다는 차라리 내가 이 관계에 얼마나 만족하는지, 앞으로 살면서 감당할 수 있겠는지를 생각하는 편이 낫다. 적당히 싸우며 살더라도 그 싸움이 잔잔하고, 부드럽게 화해가 되는 관계라면 그런 관계도 나름의 행복일 수도 있지 않겠는가. 어차피 변화는 쉽게 찾아오지 않을 테니.

남들이 볼 때 그가 나에게 좋은 사람인지가 아니라, 내가 그를 만나고 있는 내 모습이 괜찮은지를 보라. 이 사람이 좋은 사람인지, 모습이 어떤지, 미래에 대한 기대감, 발전 가능성 그런 것들의 여부는 썩 중요하지만 중요하지 않다. 왜, 예쁘지 않은 사람과 소란한 하루를 보내는 일이 행복할 수도 있는 것일 테니.

마음껏 울고 소리치고 추해지고 구차해지며 사랑해보라,
내가 원하는 모습으로 만날 수 있는 사람을 찾을 때까지.

힘든 연애를 한다면, 어쩌면

어쩌면, 네가 조금은 잘났기 때문에 힘든 길을 가는 것일지도 몰라.

나는 이제껏 힘든 연애 즉, 상대방이 자꾸만 상처를 준다거나, 본인의 애정욕구를 채워주지 못하는데도 불구하고 만남을 이어가며 늘 눈물과 하소연으로 연애하는 사람들을 보면 자존감이 낮아서 자신에게 못 해주거나 막대하거나 힘들게 하는 연인도 놓지 못하고 떠나지 못하고 만나는 거라 생각했었다.

생각해보면 간단했다. 사실은 잘난 사람일수록 망가지는 것을 두려워하지 않는 자존감이 충분히 갖춰져 있기 때문이라고 할 수 있기 때문이었다. 남들 시선도 신경 써야 하고, 주변 눈치도 봐야 하는데. 내가 울고불고하며 힘들어하는 모습을 보여줄 수가 있겠는가? 내가 좋아하더라도 나를 힘들게 하는 사람을 만나기보다는 내 이상형에는 거리가 멀더라도 나를 사랑해주거나 혹은 나의 감정을 지나치게 흔들지 않을 사람을 만날 것이다.

반면 충분히 예쁘고 잘난 사람이 힘든 연애를 지속하고 있는 경우도 봤다. '얼마나 잘 났길래, 저 예쁜 사람을 울리는 걸까?', '얼마나 대단한 여자길래, 저 남자를 저리 쥐고 흔들까?' 하는 기대를 안고 상대방을 보면 대부분은 힘들어하는 당사자보다 훨씬 더 별 볼 일 없는 경우가 많다…. 사랑받는 연애를 하는 사람들이라고 꼭 대단히 예쁘거나 잘난 사람은 아닌 경우를 아주 많이 보았고, 자신을 힘들게 하는 사람과 연애하며 예쁜 얼굴로 눈물 흘리는 여자들, 충분히 좋은 남자인데 안타까운 마음을 앓는 남자들을 많이 봤다.

나는 그들이 어차피 보통의 사람들보다는 조금 힘든 연애를 택할 거라면 자존감 높게 사랑을 하면 좋겠다. 꼭 못난 사람들이 힘들고 아픈 연애를 하는 것이 아님을. 못나서 고생하고 사랑받지 못하는 것이 아님을. 애써 힘들다며, 구태여 나는 나쁜 사람을 만나는 비운의 연애를 하고 있다며 자책하고 비관할 것 없이 본인의 연애 스타일이 그렇다는 걸, 이런 연애도 그 자체로 존중받아 마땅한 방식이라는 걸 있는 그대로 존중하기를.

사람 못 고칩니다. 고쳐 쓰는 거 아니에요. 대신에 그냥 그대로 쓰면 됩니다. 남들은 썩은 가지라고 해도 제 입에 맞으면 된 거고요. 짚신도 제짝이 있다고 하잖아요.

재회

재회는 하는 게 아니라는 말이 있던데, 꼭 그렇지는 않은 것 같아요. 제 주변에서는 꽤 적지 않은 연인들이 이별 끝에 재회하고 재회의 끝에 더 단단한 연인으로 성장해나가며 결혼까지 하는 경우를 많이 보았거든요.

하지만 만나선 안 될 사람들이 더러 있잖아요. 양방이 아닌 일방에서 지고지순하게 희생한다거나, 일방적으로 양보하고 지나치게 사랑한다거나, 지나치게 집착한다거나.

그래서 재회는 하면 안 되는 게 아니라, '만나선 안 될 사람'과 '만나선 안 될 사이'에서 재회하지 말라는 말인 것 같습니다. 그러니 재회를 간절히 원하기 이전에 '상대방도 나를 원하는지', '내가 이 사람을 만날 때의 내 모습이 마음에 드는지' 등을 고려한 후에 다시 재회를 고려하는 것도 나쁘지 않다는 생각입니다.

같이할 가치

'같이'의 '가치'는 사실, 별로 없다.

누군가와 함께하기를 택했을 때, 내 삶과 마인드에 좋은 영향을 주어야 진정한 가치라고 할 수 있지 않을까.

아무리 내게 좋은 친구들이 주변에 많더라도 내 삶이 부족할 때 우린, '같이'의 '가치'가 없으며 그들이 아무리 괜찮은 사람이라고 해도 나를 힘들게 한다면 우린, '같이'할 '가치'가 없다.

가장 중요한 건, 나 자신이고. 내 위치이며, 내 자신의 삶이다.

혼자일 때 더 나다울 수 있음을

'남들 시선 따위 신경 쓰지 말고 내 인생을 즐겁게 살자! 쓸데없는 것들 걱정하지 않고 나에게 스트레스를 주는 것들은 전부 당차게 끊어내고 대차게 살자!' 누구나 생각은 하지만 그게 쉽지만은 않다. 그렇기에 우린 에세이를 찾아보기도 하고 누군가와 상담을 하기도 하며 때로는 혼자 해결한다며 스스로를 고립해 마음의 병을 얻기도 해서 다양한 정신과적 질환으로 결국은 병원을 찾아가기도 한다.

살다 보니 나이를 먹을수록 점점 벽을 쌓게 돼, 이제는 무언가 내 안에 들어올 수 있는 허용치가 높아졌다. 자연스럽게 누군가를 사귀기도 쉽지 않고 이미 있던 인간관계도 정리해 나가고 있었다. 나도 모르게 원하지 않아도 다른 소중한 이를 지키기 위해 멀어져야만 했던 사람들도 있었고, 나를 이용하는 것 같아서 멀어지는 친구도 있고, 그 사람의 앞뒤 다른 모습에 너무 환멸이 나서 멀어지는 경우도 있었다.

  난 내 인연들이 하나둘 끊어져 나갈 때마다 나 자신에게 문제가 있는 건 아닌지, 내가 일방적으로 무시당할 만하게 행동을 하는 사람은 아닌지, 내 잘못은 아닌지 의구심이 들었었다. 나는 워낙 사람을 좋아했고 누구와도 어울리기 좋아했다. 그런데 모나게도 내가 베푸는 호의와 애정만큼 돌려받진 못해도 그에 상응하는 반응을 원하는 사람이었다. 그러다 보니 이젠 내 스스로를 내가 알기에 반응을 원하지 않고도 마음만 건네는 법을 알았고 내 삶에 있어 다른 사람들에게 의지하는 경향이 사라졌다. 그저 만남은 단순하고 가벼운 마음으로. 일시적으로 즐기는 자리일 뿐. 나의 내면의 이야기와 고충은 온전히 내 몫인 것으로. 내 삶에 관한 건 어떠한 고민도 결정도 정해진 나의 몫이며 누군가에게 일절 조언을 구하지 않는다. 정 도움이 필요하다면 그 분야의 전문가를 찾아서 얻는 충고 정도로.

  주변을 보면 그런 사람들이 있다. 항상 사람들과 함께하며 때로는 정말 아무 걱정도 생각도 없어 보이는 사람들. 매사에 우유부단하고 단순하게 사고하는 사람들. 늘 주변인들과 어울리며 생각이 없어지기를 자초하는 사람들이 있다. 이들의 장점은 모든 인과에 큰 타격

감 없이 순응한다는 것이다. 그런데 이들은 오히려 혼자가 되었을 때 심각한 우울증세와 지나치게 낮은 자존감과 자기 주도권을 보인다.

내 생각에 그건 마치 생각과 사고에 마취제를 맞은 것처럼 통증을 완화시켰을 뿐이다. 충분히 고민하고 신중히 결정해야 할 인생의 중대사들, 갈림길들, 책임져야 할 일들, 그 갈림길에서 맨정신에 혼자서도 결정하고 그 결과를 이겨낼 줄 알고, 스스로 결정한 것을 덤덤하게 감내할 줄 아는 사람으로 살아갈 수 있기를 꿈꾼다.

혼자일 때 담담해져야,
진정한 내면을 들여다보고 현실을 직관할 수 있으며
성숙하고 의연한 태도로 삶을 관철할 수 있을 것이다.

사랑받고 싶었을 뿐이야

 어느 날은 한 사람이 제게 물었습니다. "언니의 글을 보면서 늘 많은 생각이 들고, 언니한테 위로받고 싶어서 얘기합니다. 저는 제가 너무 쓸모없다고 생각해요. 저는 항상 너무 외롭고 어떤 사람을 사랑한 후에 그 사랑을 잊으려고 다른 사랑을 찾으면 찾을수록 너무 힘들어요. 저는 그냥 아무 욕심이 없어요. 그냥 누군가가 나를 진심으로 사랑해줬으면 좋겠는데, 그냥 사랑받고 싶어서 그런 건데. 이게 그렇게 잘못인가요? 저한테 문제가 있는 걸까요?"

 사랑받고 싶은 건 지극히 당연한 일입니다. 인간은 태어날 때부터 어느 정도의 소속감과 인정과 존중의 욕구를 가지고 태어납니다. 세상에 사랑받고 싶지 않은 사람은 아마도 없을 겁니다. 상대가 누군지, 방법이 어떤지에 대한 차이는 있어도 그 존중 받고 누군가의 삶에 소속되어 있다는 소속감에 대한 원초적인 갈망은 누구나 다름이 없을 겁니다. 하지만 간과해서는 안 될 중요한 사실이 하나 있어요. 그 상대가 누군지와 방식이 어떤지에 따라서 본인의 삶, 가치관 또는 인생의 전반적인 방향에 지대한 영향을 미칠 거라는 사실입니다. 일반적으로 '가스라이팅(타인의 심리나 상황을 교묘하게 조작해 그 사람이 스스로를 의심하게 만듦으로써 타인에 대한 지배력을 강화하는 행위)'처럼 옳지 못한 상대, 바르지 못한 방식으로 누군가의 사랑을 구애하며 그것을 쫓아가다 보면 결국은 본인의 의사와는 다르게 해서는 안 될 행동들을 하게 되기도 하고, 원래의 나라면 하지 않았을 모습의 이상해진 나를 발견하게 될 거예요.

사랑받고 싶어 해도 됩니다.

하지만,

그럴만한 사람에게 사랑받아야 하지 않을까요.

보상심리

따지고 보면 주변에 사람이 참 많은 인생을 살아왔다. 손만 뻗으면 닿을 수 있는 사람들이 많고, 내가 먼저 다가가서 챙기기 시작한다면 기브앤테이크 관계가 확실한 관계들이 넘쳐난다는 걸 알고 있다. 하지만 나는 불필요하고 가식적인 관계들을 모두 정리했다. '기브앤테이크'는 말 그대로 '주었을 때 돌려받는 것'이지 '나를 위하는 의미'와는 거리가 멀다고 생각하기 때문이었다.

아직도 주변에 그런 사람들이 종종 보인다. 주변에 사람이 많은 사람. 그들의 주변엔 항상 사람들이 넘쳐나며 생일이나 무슨 특별한 기념일이라도 된다면 넘치게 받은 각종 명품과 비싼 선물 꾸러미들을 잔뜩 과시하듯 자랑하는 모습을 보기도 한다. 얼마 전 오랜 친구들을 만난 자리에서 수다 떨며 나온 주제가 있는데, 일명 '기프티콘(

각종 SNS로 구매해서 선물하는 간편한 온라인 선물) 친구'였다. 우리 사이에서는 축하할 일이라면 만나서 축하하고, 줄 게 있으면 만나서 주거나 불가피하게 선물을 보내야 한다면 집 주소로 보내면 되는데 기프티콘이 웬 말이냐는 뜻이었다. 그만큼 기프티콘으로 가벼운 마음을 주고받으며 인맥을 과시하는 사이들을 가볍고 위선적인 관계로 치부하며 조롱하는 의미였다.

일부에서는 정말 친하지만 피치 못하게, 불가피하게 '기프티콘'으로 대신할 수밖에 없는 사이들도 있겠지만. 정말 친하지도, 그렇다고 안 챙기기도 뭐한 애매한 사이에서 주로 기프티콘으로 크고 작은 기념일과 축하를 대신하는 일이 비일비재하기 때문일 거다. 나 또한 별로 친하지 않은 지인일지라도 받은 게 있다면 꼭 돌려주는 성격이다. 다른 의미로, 돌려주어야 할 사람들의 목록을 헤아리는 것이 귀찮기도 하고, 어쩌면 내가 보낸 선물의 가치에 대한 '보상 심리'가 발동하게 될지도 모른다는 생각이 들기도 한다. 어쩌면 한편으로는 그만한 가치가 없는 관계들이라고 생각하는지도 모르겠다.

몇 년째, 나만 선물을 보내주는 친구가 있다. 그 친구와 나는 중학교 1학년 때부터 친구가 되었는데, 나는 원래 집안 사정의 이유로 내 나이보다 한 학년을 늦게 학교에 다니고 있었다. 그런데 유학 후에

복학한 그 친구도 나와 나이는 같지만 한 학년을 낮춰서 다니게 된 상황이었다. 동병상련이랄까, 그러한 전후 사정 덕분에 그 친구와 나는 둘도 없는 단짝이 되었고 그렇게 중학교부터 고등학교까지 같이 가기를 선택하며 학창 시절 내내 바늘과 실처럼 꼭 붙어 다녔던 친구였다. 그 친구는 지금 승무원이 되어 휴무가 불규칙한데다가 낮과 밤이 수시로 바뀌는 생활로 인해 자주 볼 수 없는 환경이지만 어쩌다 한번을 만나도 그렇게 반갑고 좋을 수가 없다. 나이도 환경도 모습도 변했지만, 어제 본 것처럼 익숙하고 편한 그런 친구. 그런 친구에게 매년 해주는 한 차례의 기프티콘 선물은 내 마음을 담은 작은 선물이다. 그저 그 친구로부터 얻은 한 시절을 행복으로 추억할 수 있음에 감사해서, 아무것도 바라지 않고 내가 지닌 마음을 담아 그에게 선물을 보낸다. 그 친구에게 내가 소중하지 않은 건 아닌지 생각해 보지 않는다. 바빠서일까 마음이 없어서일까 헤아려보려 하지 않는다. 준 걸로 만족하기에 돌려받기를 계산하지 않는다. 그냥 믿는다.

또 한 사람, 나에게 '친구'라는 단어를 준다면 가장 먼저 떠오르는 친구가 있다. 11살에 처음 만나 초등학교, 중학교, 고등학교, 대학생, 어엿한 사회인이 될 때까지 한시도 멀리해본 적이 없는 그런 친구. 그 친구와는 친구라는 말보단 가족이라는 말이 더 어울리는 것 같은 그런 존재가 있다. 여전히 먼저 전화할 줄 모르는 무딘 성격의 나는 오늘도 그 친구에게 오는 연락만 줄기차게 받을 줄만 안다. 생일은 나보다 느리면서 늘 언니처럼 챙겨주고 내 곁을 지켜준 사람이기에 그 친구에게 선물을 건넬 때는 무언가를 줬다는 느낌보단 빚을 조금 갚았다는 생각이 먼저 든다. 특별히 그 친구에게 무언가를 받아서가 아니라, 그저 서로의 아픔을 보듬어주며 두 손 맞잡고 어른이 되어온 사이임을 알기에. 무언들, 그 무언들 그 친구에게 돌려받고 싶다는 생각을 할 수가 있을까. 그런 의미에서 어쩌면 '보상 심리'는 마음이 작거나 없거나 위선적인 관계에서 생겨나는 마음들일지도 모르겠다.

내 결혼식에는 몇 사람이나 올까

3

어떻게 살아야, 잘 사는 걸까요.
어떤 사람이, 좋은 사람인 걸까요.

\# 걱정이 많아서 걱정인 당신에게

선택

원래 인생은 내가 선택하지 않은 것 중에서 내가 선택하며 살아가도록 주어졌다. 나는 아무것도 선택하지 않았었다. 태어나는 것도, 성별도, 국적도, 심지어 나의 부모와 형제조차도, 그 무엇도 선택하지 않은 채 나는 땅에 떨어졌다.

그러나 나는 태어났으니 살 것을 선택해 살고 있으며 자연스럽게 살아가며 배워야 했고 삶을 익혀나가야 했다. 가지고 난 성별을 받아들이며 살아갈 수도 있고 성별을 바꾸는 선택을 할 수도 있었다. 학교에 다니며 공부를 잘하는 것이 한 사람의 일생에 가장 중요한 인륜지 대사 중 하나가 되기도 하기에 늘 성실하고 공부해야 하는 학교에서 우월하기를 택하여 노력할 수도 있고, 선택하지 않은 학교를 떠날 수도 있었고, 그냥 노력하지도 도망치지도 않은 채로 흘러가는 대로 세월이 지나기를 바랄 수도 있었다. 늘 내가 선택하지 않은 선택지를 부여받은 채 그중에서 선택하며 살아가야만 했고, 그 결과는 당연한 내 몫으로 여기며 무엇이든지 내가 견디고 버티며 이겨내야만 하는 삶을 살아야 했다.

인생은 처음부터 내가 선택하지 않은 것 중에서 내가 선택하면서 살아가야 한다. 우리는 늘 주어진 것 중에서 취할 것인지, 않을 것인지를 선택하며 선택하지 않은 것들을 감당해내는 게 삶인 것이다. 그러니 과거의 선택을 자책할 필요 없다. 애초에 내가 원하지도 않았던 선택지를 선택해야만 했었으니까. 후회할 필요도 없다. 앞으로도 늘 선택해야 하는 순간들이 줄지어 놓일 테니. 그저 앞으로 더 나은 선택을 해나갈 수 있기를 바랄 뿐.

후회는 늘 있는 거니까.

그러니 내 인생의 어떠한 결과도 오점도

너무 깊게들 후회하지 않았으면 좋겠다.

어떠한 삶이어도, 어떠한 결과도 너무 자책하지 말았으면 좋겠다.

선택하지 않은 것들을 견뎌내며 살아가는 게 인생이니까.

▌ 영원히 어른은 없다

 성숙이 아니라 무뎌지는 거였고, 고통을 못 느끼는 게 아니라 덤덤해져 버리는 거였다. 어른들은 울 줄 몰라서 안 우는 게 아니라 울면 안 돼서 참는 거였고, 무섭지 않아서 대범한 게 아니라 그렇게 해야 할 것만 같은 책임이 있어서 애써 담담한 척 감내하는 거였다.

 내 인생은 처음이었다. 어른도 처음이었다. 내가 어릴 땐 무언가 어른이라면 대단히 크고 성숙한 존재일 것을 기대했었다. 어른이라면 인생이 대단히 자유롭고 행복할 것이며, 모든 일에 앞서 나설 만큼 용감할 거라고. 어른이라면 어떠한 두려움도 고통도 적을 것을 기대했었다.

 그런데 내가 어른이 되어보니, 어른도 다를 것이 없었다. 같은 생각, 같은 감정을 가지지만 담담히 감내해야 하는 것들이 많아져서 억지로 누르고, 참고, 아닌 척해야 하는 일들이 많아진, 더 불행한 아이. 그게 어른이었다. 어른이 되면 자유로우리라 생각했지만, 더 자유롭지 못했다.

내면의 아이를 숨긴 채, 가면을 쓰고 모든 일에 덤덤해져 가는 것. 아니, 덤덤해야만 하는 것. 그게 어른이었던 거였다. 삶이란, 원래 외로운 거고 원래 고독하고 원래 슬픈 거였다. 아름답지 않아서 더 아름답게 포장하고 싶은 거였고. 9번의 만고 끝에 1번의 희망으로 살아갈 이유를 얻는 거였다.

어쨌든 나는 컸으니까 어른이 된 거다.

**어떠한 상황에서도. 무엇에도. 누구의 앞에서도.
아무쪼록 괜찮은 나이. 아니, 괜찮아야 할 나이. 어른.**

인생이라는 여정에

 주사위는 던져졌고, 나는 이미 이 땅에 태어났다. 가만히 누워서 생각하자니 내 삶이 너무도 무기력하고 우울한 것 같았다. 아니 앞으로의 모든 삶이 무력하고 재미없게만 느껴졌다. 이렇게 산다는 게 무슨 의미가 있을까 싶은 생각을 감히 할 만큼. 그런데 생각해보니 인생은 원래 이런 것 아닌가? 원래 우울한 것 아닌가, 우울에서 시작해 희망을 찾고, 기쁨을 얻고, 군데군데 숨어있는 행복을 찾아가며 인생의 묘미를 느끼는 거였다. 처음부터 행복한 사람은 없다. 영원히 행복하기만 한 인생도 애초에 없다. 그렇다면 우린, 열심히 찾아 나가야 한다. 지금부터라도 내 눈 앞에 펼쳐질 인생이라는 여정에 군데군데 늘어서 있는 행운, 희망, 사랑, 행복, 등….

 긴 여정을 떠나다 보면, 해가 지고 그늘이 진 밤을 매일 맞이해야 하고 다시 달은 지고 밝은 해가 매일같이 뜰 테다. 내 인생이 흘러가는 여정의 길목엔 나무도 줄지어 서 있고 바람이 불기도 하며 비가 오기도 한다. 군데군데 쉬어가라며 열려있는 쉼터도 있고, 좋은 사람을 만나 설레는 구간도 있다. 목을 축이고 가라며 술집도 늘어서 있고, 홈이 파인 구덩이도 여러 개쯤 놓여있을 것이다. 도저히 넘어서지 못할 것 같은 장애물도 올라서 있으며 지나가는 길목엔 내 신체와 생명을 앗아갈지도 모르는 악어 떼도 있을지도 모르겠다. 그러니 우린, 늘 위험할지도 모르는 삶을 살아가고 있고 늘 불행해도 이상하지 않은 삶을 살고 있다. 행복해도 당연한 거고, 불행해도 당연한 삶이다. 그러니 너무 큰 기대를 하지 않으면 군데군데 숨어있는 행운과 행복을 맛볼지도 모른다.

여정을 떠나던 중 길목에 있는 술집에서 목도 축여가며 작은 행복도 느끼고, 이 장애물만 넘으면 내 인생의 여정에 더 이상의 장애물은 없을지도 모른다는 희망을 느끼기도 하고, 도저히 넘을 수 없을 것 같았던 장애물을 넘었을 때의 쾌감도 느끼고… 스쳐 가는 인연처럼 만난 사람에게 사랑을 느끼기도, 고마움을 느끼기도, 불쾌함을 느끼기도 하겠지만 다 내 인생의 여정에서 지나쳐 갈 사람이라 생각하면 그리 크게 아쉽지도 속상하지도 않다.

동화가 망쳤다

우리는 어릴 때부터 착하게 그리고 도덕적으로 살기를 요구받으며 살아왔다. 동화를 보면 꼭 선은 승리하고 악은 패배한다. 착한 일을 하는 사람은 꼭 그에 상응하는 횡재를 얻거나, 행복한 삶을 살게 된다. 심지어 대부분 만화에서도 선을 지향하고 악을 지양하도록 전개된다. 그리하면 꼭 보답받고 행복한 것처럼.

나는 권선징악을 좋아하고 인과응보를 믿는다. 그러나 세상을 살다 보면 악이 승리하거나 선한 사람이 약자가 되는 경우가 많았다. 착한 사람은 복 받는 게 아니라 이용당하기 쉬운 사람이 되는 거였고, 그 배신의 쓴맛은 도리어 비심을 먹게 하기 십상이었다.

착하게 살아도 돌아오는 것이 없기에 독하게 살자며 악해지기를 자처해버린 사람들이 생겨나는 것이다. 딱 거기까지만 했어야 했다. 그냥 착하고 바르게 살라고, 보답 같은 건 없을지라도.

오리는 날 수 없다

이전에 한 친구에게 이런 말을 들었던 적이 있어요. 한 대학 교수님의 강의였는데, 오리는 가장 불행한 동물이라고 했답니다. 오리는 물에서도 헤엄칠 수 있고, 땅에서도 걸을 수 있으며 어릴 땐 날 수도 있다고. 수영도 하고 육지에서도 살고 물에서도 사는 다재다능한 친구지만 하늘을 나는 데에는 독수리를 이기지 못하고, 수영을 하는 데에는 물고기를 이기지 못하며 육지에서 사는 동물도 아니고, 물에서 사는 동물이라 보기도 힘들다고.

저는 아마도 오리 같은 사람이었을 겁니다. 여러 방면에서 꽤나 재주를 가진 편이었어요. 그러다 보니 결국은 제 길을 아직도 제대로 찾지 못하게 되었습니다. 잘하는 것과 좋아하는 것이 참 많았습니다. 그런데, 이것을 하다가 다른 것에도 재주를 보이니 포기하는 것이 참 쉬웠어요. '난 여기에도 재능이 있으니까…. 난 이것도 잘하니까….' 하는 안일한 태도는 결국 제가 아무것도 처음부터 끝까지 제대로 할 수 없게 만들었습니다. 많은 것을 잘하면 좋지 않더라고요. 다재다능(多才多能)하다는 말은 꽤 칭찬에 가까운 말로 들리지만, 사실은 어느 한 가지를 꾸준히 그리고 진득하게 해낼 줄 아는 재능과 끈기를 가진 사람이 가장 축복받은 사람일 거라 감히 짐작해봅니다.

하지만 타산지석(他山之石)이라는 말처럼, 그 어떤 사람도 하찮은 사람은 없고, 그 어떤 재능도 쓰일 데 없는 재능이란 없습니다. 아직 내가 어디에 쓰일 약인지, 어느 땅에서 잘 피어나는 꽃인지 찾지 못했고 정해지지 않았을 뿐. 쓰일 데 없는 사람과 쓸데없는 재능은 없으니 올바른 곳에 올곧은 사람으로 쓰일 수 있는 그날을 위해 나와, 나의 재능을 소중히 여겨주세요.

꿈과 현실 사이의 괴리감

만약 한 가지라도 잘하는 게 없다면, 기다려보세요. 재능이 익을 때까지 말이에요. 저에게는 사촌 동생 중 한 명이 있는데, 그녀의 나이는 20대 중반이지만, 여전히 아무것도 하지 않고 무엇보다 어떤 것도 하려고 하는 의지 자체가 없기에 늘 걱정이 많은 동생입니다. 어느 날은 제가 아주 작은 노력이라도 너의 미래를 위한 투자를 조금씩 해나가는 게 어떻겠냐고 물었더니 이렇게 답하더라고요. "나는 잘될 사람이라고 했으니까, 이렇게 살아도 언젠간 잘 될 날 있겠지." 그래서 저는 이렇게 대답해주었습니다. "그래, 물론 너에게 기회가 오게 될 수도 있겠지만 네가 지금처럼 산다면 기회가 왔더라도 너는 그걸 모르고 지나쳤을 거야. 로또에 맞을 확률이 얼마나 희박한지는 너도 알잖아, 그런데 그 어려운 확률이라도 매주 누군가는 로또에 맞아. 수많은 확률을 뚫고 어떤 한 사람은 로또에 맞겠지만, 그 사람들

중에 로또를 사지 않은 사람은 없어. 로또를 사지 않는 사람이 로또에 당첨될 확률 같은 건 없잖아. 기회가 와도 네가 제로면 아무런 의미도 없는 거야. 만약 네가 로또에 당첨 될 행운을 가졌어도 로또를 사지 않은 사람인데 어떻게 당첨이 되겠니."

한 프로그램에서 인기 강사 김미경 교수님께서 하시는 말씀을 넋 놓고 들었던 적이 있었어요. 지금은 누구나 인정하는 명불허전 명강사이지만, 강연 3년 차에 아주 큰 좌절의 쓴맛을 보셨다고 해요. 자신보다 나이가 많은 사람들, 그리고 자신과 분야가 달라도 너무나도 다른 분들에게 가서 주제에 맞지 않는 강연을 실컷 했었다고 해요. 그 결과로 그때 받았던 차가운 시선과 스스로에게 맛본 오만과 자만심에 대한 부끄러움으로 '아 이 길이 내 길이 아닌 건가, 내가 이 일이랑 맞지 않는 건가.' 하는 큰 슬럼프에 빠졌었다고 합니다.

이후에 그날을 돌이켜보면 그 강연은 하지 말았어야 했는데. 사람이 돈을 좇아가면 안 된다고. 힘든 경제적 상황이 맞물려 욕심이 앞서 섣부르게 출강했던 강연은 아팠던 만큼 다시 재기하기가 쉽지만은 않았지만 이내 큰 깨달음이 있었다고 합니다. "꿈이란 시간을 두고 무르익어야 하는 것이고, 5년 안에 재능을 운운하는 것은 잘못됐다." 재능이 없었던 게 아니라 성실하지 않았던 것이고, 노력하지 않았던 게 아니라 기다리지 못했던 거라고. 재능은 시간이 지나야 익는 법이라는 것을요. 단순히 공부를 잘하는 애들이 좋은 대학에 맞춰 학과를 정하고 그 분야로 나가면 안 된다는 게 그녀의 생각이라고 합니다. 내가 안 되는걸 억지로 하려고 붙들고 있다며 포기해버리는 사람들이 가장 안타깝다며 학력보다 열정이 강하다는 말씀을 하셨습니다.

제가 가장 좋아하는 말이 있어요.
"눈 뜨고 꿈을 꾸는 사람들은 위험하다."

예전엔 잘하는 사람은 천재를 이길 수 없고, 천재는 즐기는 사람을 이길 수 없다는 말을 참 좋아했어요. 그렇지만 좀 더 살아보니 반복에 지치지 않는 자가 승리한다는 말처럼, 계속되는 반복을 피할 수 있는 일은 많지 않더라고요.

결국엔 어떤 일이건 즐길 수 있는 일은 흔하지 않을 겁니다. 그런 일을 찾으셨다면 분명 큰 행운이고, 축복받으신 거예요. 그래서 이제 저는 즐기고자 하는 욕심은 버리고 꼭 가고 싶은 길을 선택하여, 무엇이든지 버티어 기다리려고 합니다.

자존심 다 버리고 일하던 사람이

자존심이 사는 위치에 선다.

자존감과 자기합리화

 난 가끔 한 번씩 자존감이 바닥을 치는 시기가 찾아온다. 나 그래도 꽤 잘살고 있다고 생각했었는데, 나름 괜찮은 삶이라 스스로에게 다정한 위로를 건네며 살아왔는데. 어느 순간 내가 너무도 하찮고 보잘것없는 미천한 인생처럼 여겨질 때가 있다. 난 똑같이 변함없는 상황과 환경에 있는데, 그래도 지금보다는 더 잘 될 거라는 믿음과 희망으로 열심히 달려왔고, 꽤 괜찮은 사람일 거라는 자존감에 살아왔지만, 어느새 문득 이런 노력이 무슨 의미가 있나 싶고 괜히 내가 아주 작게만 느껴지고, 내세울 것 하나 없는 별 볼 일 없는 아주 하찮고 미천한 사람. 그런 존재로 느껴질 때가 있다.

 하지만 이렇게 느껴도 내 인생이고 저렇게 느껴도 변함없는 나일 거라면 적어도 좋은 편으로 자기합리화라도 잘하는 편이 이로울 것 같다는 생각이다.

수학의 난제처럼 인생에는 정답이 없다. 인생과 관계는 옳고 그름이 아닌 다름만이 존재하기에 정해진 답은 없다. 내가 하는 말도 합리화일지도 모른다. 하지만 적어도 모두가 스스로를 고문하며 스트레스받지 않기를 바랄 뿐. 누군가 말을 참 잘한다는 느낌을 받는 건 어쩌면 합리화를 잘하는 사람일 지도 모른다. 논지에 맞게 하나의 현상을 논리정연하게 열거하다 보면 듣는 이들에게 설득되기가 쉬우니.

매번 내 자존감을 무너뜨리는 무례함을 보이는 사람들에게까지 예의라는 핑계로 그들에게 안부를 묻고 호의를 건네기를 포기했다. 내가 노력하면 완화될 거라는 생각 따위는 접은 지 오래다. 나에 대한 기본적인 관심과 기본적인 배려심도 없이 거북한 말을 너무나도 쉽게 하는 사람들까지 두루두루 챙기고 억지로 연락하며 인싸이기를 자처하기보다. 그냥 편하게 연락하는 사람 하나 없이 핸드폰은 시계나 서치용이 가장 적당한 용도이다. 나는 이렇게 내 신상에 더 이로운 쪽을 찾아 꿰찰 뿐이다.

사람들은 말한다. 불편함은 스스로 피하고, 편한 쪽으로 찾아 꿰차며 혼자이기를 자처하면서도 괜찮다는 내게 '정신 승리' '자기합리화'와 같은 비난과 조롱 섞인 말을 던져대기도 한다. 난 그들에게 묻고 싶다. 그게 자기합리화라는 건 당신들 머릿속에서 나온 자기합리화는 아닌지. 나에게도 오랜 우정을 쌓아온 친구들이 있기도 하고, 많은 사람과 어울리며 협동적으로 단체 활동을 하기도 하며 사회생활도 무탈하게 하는 편이지만, 나는 사회에서 만난 누구와도 필요 이상으로 가까워지지 않으려 하고 사람들과 자주 자리하며 어울리지 않을 뿐이다. 친해지기보다는 실수하지 않는 사람이 되려 하기에. 적당한 웃음과 친절은 가식이라고 생각하기보다는 서로에 대한 예의이자 배려라고 생각하는 페르소나를 가진 사람이기에 누구의 앞에서도 밝고 명랑하지만 해야 할 말이 있다면 당차게 하고 끊어질 인연들은 과감히 끊어내고 산다.

자신감과 자존감도 내가 '할 수 있을 거'라는 확신과 '나 꽤 괜찮은 사람'일 거라는 확신에 찬 자기합리화로부터 오는 것. 모든 건 확인이 반복되면 확신이 되니까.

노인과 어른

　나이가 지긋하신 노인 분께서 사우나를 나가시며 계산대에 계신 아주머니께 "목욕 잘하고 갑니다." 하시며 나지막이 공손하도록 고개 숙여 인사하시는 모습을 보았습니다. 평소 인사를 주고받으시거나, 자주 오시는 분은 아닌지 아주머니께서는 조금은 당황해하시며 인사를 엉겁결에 받으시더라고요. 저는 그 노인의 모습이 참으로 아름다워 보였습니다. 행여 젊은 친구 중 누군가라도 그 노인에게 예의 없게 굴기라도 한다면 당장이라도 달려가 내 할아버지인 양 나서서 나무랄 것 같은 마음이 들었어요.

　"요즘 젊은 애들은 위아래도 없고, 어른에게 예의가 없고 싸가지가 없다." 이 얘기를 하는 저조차도 그렇게 생각하는 사람입니다. 요즘 세대 어른들은 젊은 세대를 늘 이렇게 생각합니다. 문득 이런 생각이 들더라고요. 젊은 애들이 싸가지가 없다 욕하기 전에 역설적으로 참다운 어른의 모습을 몇 번이나 보았을까.

친절한 사람 앞에선 자연히 친절할 수밖에 없고 신중한 사람 옆에선 자연히 신중해질 수밖에 없을 거예요. 욕할 필요가 없어요. 어른들은 먼저 친절하고 공손한 모습으로 참다운 어른의 면모를 보였는지가 궁금할 뿐입니다. 나는 아직 정말 어른다운 어른들을 많이 만나지 못했거든요. 사우나의 그 할아버지 모습이 이토록 감명 깊게 기억에 남을 만큼.

나이를 먹으면 둘 중에 하나가 된다고 합니다.
노인은 나이를 먹으면 누구나 되는 거지만,
덕을 갖추고 존경받는 어른은 아무나 될 수 없습니다.

누구에게나 아이가 있다

얼마 전, 엄마와 외할머니를 오랜만에 만나 아주 특별할 것 없는 데이트를 했습니다. 그냥 차를 타고 밖에 나가 풀과 하늘뿐인 산길을 따라 드라이브를 했어요. 할머니가 좋아하실만한 그 시절 노래를 들려드리며 그저 길거리에 줄지어 선 나무들을 지나치며 바람을 느끼는 것이 전부였는데, 할머니께서 처음으로 노래를 따라 부르시며 길가에 핀 벚꽃을 보고 좋아하시는 모습을 보았습니다. 낭만은 청춘에게나 익숙한 단어이고, 동심은 어린아이에게나 어울릴 법한 단어이지만, 저희 할머니를 보며 다시금 실감했습니다. 60살이 넘은 노인에게도 낭만과 동심이 존재한다는 것을요. 다만 누리지 못할 것들이 많아졌을 뿐이겠지요. 엄마도 소녀입니다. 아버지도 여전히 철없던 소년의 모습을 애써 뒤로 감춘 채로 살고 계실지도 모른다는 생각을 하면 가슴이 먹먹해집니다.

아무리 예쁜 사람도 나이가 들어감에 따라 주름지는 것은 피할 수 없는 당연한 얘기일 테죠. 아무리 많은 돈도 온전한 제 것은 아니고 그 많던 시간도 눈 감았다 뜨니 속절없이 지나가 버렸을 겁니다. 누구에게나 온전하게 주어진 것은 몸뚱이 하나뿐이었을 거예요. 우리에게 유일하게 허락된 온전한 내 것. 그건 그저 내 몸 하나와 오롯한 내 생각과 감정일 뿐입니다. 태어나 한평생 그것들만 가지고, 그것들로 살다가, 그것들만 가지고 갈 것입니다.

나는 우리가 그런 삶을 살아갔으면 좋겠습니다. 같은 시간 같은 길에 올라 같은 풍경을 두고 두 사람은 다른 생각을 합니다. 어떤 꽃이 피었는지, 그날의 날씨가 어땠는지 듣고 보고 누린 사람이 있고 바쁘고 고단한 삶에 치이다 보면 눈앞에 꽃을 두고도 보지 못했고, 빛을 놓고도 내가 본 것은 어둠밖에 없었다고 기억할 테지요.

봄에는 흐드러지게 핀 벚꽃을 만끽할 줄 알고, 여름의 뜨거움을 마주 볼 줄 알며 겨울의 눈을 반가워할 줄 아는 사람으로. 제철 생선을 먹고, "똑같은 고기인데 배에 들어가면 그만이지." 하는 어른으로 살기보다는 조금 힘들고 번거로울지라도 야외의 공기와 함께 한 끼 식사의 힐링도 누릴 줄 아는 내면의 아이를 지켜주는 어른으로 살아갔으면 좋겠습니다.

가는 세월에 인사할 줄 아는 여유를 챙기며 살면 좋을 것 같아요. 그래야 나의 어른에게 조금 덜 억울하지 않을까요.

늙었다고 청춘이 아닌 것이 아니며,
젊다고 당연히 청춘인 것도 아니다.

신체적 나이는 숨길 수가 없지만
정신적 나이에는 정의가 없다.

그저 하루를, 그 시절을, 그 계절을, 그 나이를
놓치지 않고 사랑하길 바란다.

그대들의 봄은 언제나 그대들의 곁에 있다.
봄은 늘 돌고 돌아 다시 돌아오는 법이니.

처음부터 우울한 사람은 없어

우울증 같은 건 남들 얘기인 줄만 알았다. 어릴 때 여기저기에서 우울증이나 공황장애와 같은 정신 질환에 걸렸다는 어른들의 이야기를 접할 때면 나약한 어른들이나 걸리는 거라 생각했다. "저 어른들은 맹하고 생각이 없으니까 그런 거겠지"하고.

유년 시절의 난, "나, 우울해."라는 말을 습관처럼 하던 사람이었다. 조금만 일이 풀리지 않거나, 마음이 지칠 때마다 숨을 내쉬듯 우울하다는 말을 내뱉곤 했었다. 말은 함부로 내뱉는 게 아니라고 했던가. 그러다 막상 어른이 되고부터 마음의 병을 앓고 정말 우울한 사람이 되니 우울하다는 말이 더는 입 밖으로 나오지 않았다. 의도했든 의도하지 않았든, 내적으로 외적으로 계속 받아내게 된 상처들과 감당해내기 어려운 좌절과 슬픔은 결국 차라리 아무 감정이 없었으면 좋겠다는 생각까지 하게 만들었다. 그렇게 찾아왔다 내 마음의 병은. 어느 날부터 밥을 먹어도 배가 고프지도 부르지도 않았고 잠을 자도 개운하지 않았지만 그렇다고 자고 싶거나 일어나고 싶지도 않았다. 울고 싶지도 않았고, 그렇다고 웃을 일은 더더욱 없었다. 웃긴 프로를 봐도 그냥 멍했다 '웃기기 위해 애쓰는 구나…. 저 사람은 연예인이지? 저 사람도 결국 죽을 텐데. 뭐 때문에, 뭐가 좋다고 저렇게 열심히 노력하며 사는 걸까…?

정말 아무것에도 의욕이 없어진 사람. 내가 꿈꾸던 아무 생각도 감정도 없어진 사람. 그게 내가 되었다. 혹시나 만약에, 누군가가 내게 천하를 내어준다고 해도 '천하를 가지면 뭐 해? 어차피 결국 죽을 건데.' '좋은 집과 좋은 차를 사면 뭐 해? 죽고 나면 자기 것도 아니잖아.' 하는 염세적인 사상이 깊이 자리 잡았다. 그 어떤 직업도, 명예도 돈도, 그저 속절없는 허영심과 욕심에 불과하다는 생각을 하고 나니 그 어떠한 것도 하고 싶지 않아졌다. 그렇게 난 나조차도 이해할 수 없는 마음의 병을 가진 사람이 되어 시간을 버텨야만 했다. 이로인해 선천적으로 가지고 태어난 완벽주의적인 성향은 강박증으로 발전하기 쉬웠고, 뜻대로 되지 않는 상황을 두려워하는 성격은 불안장애로 전환되기 쉬웠다. 건강만큼은 그 누구도 자부할 수도 없고,

자부해서도 안 되는 만큼 꼼꼼하고 섬세한 성격인 나를 건강염려증으로 밀어 넣었다. 이 증상이 지나치다 보니 결국, 세상이 멈추고 자아 존재감마저 잃어버리는 공황 증상까지 겪었고 그렇게 둔해진 사고방식의 기능은 이 세상 모든 것이 두려운 범 불안 상태가 되어 심신이 모두 나락으로 떨어진 기분으로 하루하루를 버티듯이 살았다.

정신의학과 전문의 김혜남, 박종석의 저서『어른이 되면 괜찮을 줄 알았다』에서는 우울증은 그 병을 앓고 있는 사람이 아니면 도저히 그 고통을 짐작하기도 힘들 정도로 고통의 극한 상황으로 밀어 넣는다고 표현한 것을 볼 수 있다. 또한 영국의 저명한 과학자 루이스 월퍼트는 자신이 겪었던 우울증에 대해, "그것은 내 인생에 최악의 경험이었다. 아내의 죽음보다 우울증이 더 고통스러웠다고 인정하는 것은 수치스러운 일이지만 그것은 진실이었다."라며 그의 경험을 일축한 것을 인용했다. 이처럼 갖가지 수많은 정신 질환이란 겪어보지 않은 사람들은 감히 그들의 고통을 헤아릴 수 없을 만큼 무섭고 아픈 질병이었다.

그런데 정신병, 우리는 모두 정신 질환이 없는 사람들일까. 많은 정신건강의학과 의사들은 지금 우리 사회의 현대인들에게 정신 질환은 감기처럼 아주 흔한 질병이라고 설명하곤 한다. 크고 작게 앓다가 본인도 모르게 지나가기도 하고, 본인도 모른 체 스스로의 성질처럼 자리하기도 한다고.

공황장애를 앓고 있는 사회생활에 지친 A 씨. 연인과의 관계에 심각하게 집착하느라 의심이 많고 다툼이 잦은 편집증 B 씨. 온갖 병에 걸릴까 봐 걱정하는 중학생 C 양.

A 씨는 학창 시절 학교 폭력에 시달렸고 외로운 유년 시절을 보내야만 했던 과거가 있었다. 괜찮은 줄 알았고, 괜찮은 척했다. 그렇게 사회에 나와 사회생활을 시작하면서 당연하게 참아야 하고 당연하게 감정을 억눌러야 하는 줄 알았다. 그게 적응이라고 생각했다. 그렇게 적응하면서 본인도 모르게 원치 않는 사이에 공황장애가 발병되었다. 그런 마음의 병을 얻었다는 사실에 더욱더 위축되게 만드는 사회와 주변의 시선으로 점점 더 갇힌 소굴로 들어가게 되었다. 그는 언제쯤 다시 밝은 빛을 볼 수 있을까.

B 씨는 부모 중 한쪽의 부재로 편부, 편모 가정에서 자랐으며 다정한 위로를 받아본 적이 없었다. 형제자매가 있었지만 의지할 수 없었고 일찍이 애어른이 되어버린 바람에 늘 똑똑한 맏이에게 주어지는 책임의 무게는 그를 항상 무겁게 짓눌렀다. 무얼 하든 그는 뛰어

나야만 했고, 1등이 아니면 인정받을 수 없다는 사실을 알기에 열심히 노력했지만 아무리 노력해도 넘을 수 없는 현실의 벽은 그를 좌절시키게 충분했다. 그렇게 본인도 모르게 낮아진 자존감은 스스로 회복할 수 없는 지경에 이르게 만들었다.

C 양은 인생에 처음 가장 믿었던 친구에게 배신당하며 큰 좌절감을 얻었고, 관계 회복을 위해 아무리 노력해도 돌아오는 건 좌절의 쓴맛이었다. 그렇게 정서적으로 불안을 겪게 된 그녀는 불안의 자극을 외부로 표출할 수 없게 되자 내면의 자극에 극도로 예민해진 사람이 되었고, 그 결과 지나치게 건강에 집착하는 건강염려증 환자가 되었다.

사실 모든 정신과적 질환에는 선행 사건들이 있기 마련이다. 그것이 아주 어릴 때이든 어제이든, 내게 큰 기억으로 남았든 남지 않았든. 알 수 없는 이유는 있을지언정, 이유 없는 결과는 없다. 정신이 깨어있는 사람일수록, 그리고 그것을 깊게 오랫동안 붙들수록 우울증이나 공황장애 등 여타 한 정신 질환을 겪게 될 확률이 높아진다. 우리는 모두 어른이기에, 스스로의 삶에 책임을 져야만 한다. 그러다 보면, '가고 싶은 자리'보다는 '지켜야 할 자리'가 더 많아진다. 매일 반복되는 생활 속에 지쳐가더라도 포기할 수도 없다. 지켜야 할 사람들이, 지켜야 할 것들이 있으니까.

그렇게 우린 잘 살고 싶은 마음에, 지키고 싶은 사람들을 위해 자신을 고문하고 망가져 가는 거였다. 환자도 아니고 이상한 사람은 더더욱 아니고 처음부터 아픈 사람도 아니었다. 그저 깨어있는 정신만큼이나 잘 살고 싶은 의지만큼, 현실이 따라주지 않는 애석한 삶을 살아내는 중인 사람들일 뿐이었다.

태초부터 우울한 사람은 없었다.

건강염려증

생각보다 많은 사람이 겪고 있습니다. 남녀노소, 14살 중학생부터 50대 주부까지…. '건강염려증'은 '범불안장애' 또는 '강박장애'의 일종으로도 분류하기도 한다고 합니다. 일각에서는 '꼼꼼하고 고집이 센 사람들이 잘 걸리는 병'이라고 표현하기도 하지요. 건강에 대한 지나친 걱정으로 작은 신체적 반응에도 크게 걱정하고 일어나지도 않은 일을 미리 생각하고 우울해하며 혹시나 병에 걸리지는 않았을까, 아무것도 아닌 증세에도 인터넷이나 여기저기에서 정보를 찾아보며 건강에 대한 지나친 집착으로 인해 두려움을 끌어안는 증세입니다. 정확하게 건강염려증으로 진단 받는 사람들은 병원에 가서 의사의 진료를 보고 검사를 했는데도 의사의 소견이나 검사 결과를 믿지 못하는 정도라고 합니다.

저는 '모르는 게 약'이라는 말을 좋아합니다. 저도 건강염려증을 겪었을 당시 음식도 함부로 먹지 못했으며 손을 자주 씻는 등 강박증에 시달렸습니다. 이유는 TV, 기사, SNS 플랫폼, 등 각종 매체에서 보고 들은 세균, 병균, 미생물 등…. 조심하라며 겁을 주던 내용들 때문입니다. 당연히 산이나 길에 열린 열매는 제게는 절대 먹을 수가 없는 것처럼 여겨졌습니다. 그런데 저희 어머니와 이모는 산골에서 자란 소녀들답게 늘 산과 들을 좋아하시며 제철에 맞게 핀 열매를 본다면 그냥 지나치시지 못하시고 꼭 하나를 따서 맛보십니다. 그런 모습이 제게는 참 낯설고 때로는 순수하게 보이기도 합니다. 산이든 들이든 길거리든 나무에 달린 과실을 주저 없이 따서 먹는 모습이 꽤 행복해 보여 때로는 부럽기도 했습니다.

건강염려증세를 겪는 분들을 보면 대개 비슷한 사고에서 출발하는 것 같았습니다. 요즘 같은 정보화시대에는 병원에 가지 않아도 웬만한 병과 증상, 치료법까지 인터넷에 다 나옵니다. 그러면서도 지나친 정보가 난무합니다. TV, 인터넷, 유튜브와 같은 플랫폼 등. 그 안에 내과, 신경외과, 피부과 등 거의 모든 의사 선생님들이 다 자리하고 계시다 보니 무의식중에 생각 없이 컴퓨터, 티브이, 핸드폰 화면을 바라보다가 '생명을 위협하는 어마어마한 병'이라는 제목으로 건강과 관련한 콘텐츠가 시선을 사로잡습니다. 이에 대해 의사들은 말합니다. "인터넷부터 끊으세요."

거기에 누군가의 사망 소식…, 연예인 또는 우리가 알고 있던 일반인의 비보…, 지인 또는 친인척의 질병 사례… 등을 배경지식으로 가지게 된 우리는 원하지 않고 의도하지 않아도 늘 지레 겁을 먹게 됩니다. 당연한 결과로 나와 내가 사랑하는 사람들의 건강과 생명에 애착이 생긴 결과 건강염려증세가 나타나는 것입니다. 이제는 저도 헷갈립니다. 건강염려증이 정말 병인 걸까. 지극히 정상적인 게 아닐까, 내 몸과 내 목숨을 소중히 여기는 일은 당연하고 겸손한 자세이지 않을까 하는 생각 말이에요.

하지만, 정상인 사람이 건강한 하루하루를 방대한 불안감과 두려움에 휩싸여 일상생활까지 불편을 초래하게 된다면 과유불급〔過猶不及〕이 되지 않을까 싶습니다. 노시보 효과(Nocebo effect)는 올바른 처방을 받더라도 부정적으로 자꾸만 의심하고, 지나친 걱정과 염려로 올바른 약을 투여해도 효과를 볼 수 없거나, 멀쩡한 사람을 병들게 하기도 하고 심지어 죽음에 이르게 하는 경우까지 있다고 합니다. 실제로 무해하지만, 유해할 것이라는 생각만으로도 실제로 부정적인 결과를 가져올 수도 있는 것이죠. 반면, 플라세보 효과

(placebo effect)는 좋아질 것이라는 믿음과 기대, 그리고 왜 좋아질지에 대해서 나름대로 생각한 논리가 버무려져 약을 먹거나 수술을 받지 않아도 실제로 증상이 호전되는 것이라고 합니다. 실제로 효과가 없는 약이라도 긍정적인 생각과 감정은 결국 긍정적인 결과를 만들어간다고 합니다.

아마도 우린 지켜야 할 가족이 있거나, 이루지 못한 꿈이 있거나, 삶에 대한 미련이 아직은 많이 남았기에, 그러니까 지금이 너무 소중하기 때문에 불안한 것일 거예요. 그러니 소중한 지금을 지나친 걱정과 불안으로 스스로의 하루를 병들게 하는 집착은 버릴 수 있었으면 좋겠습니다. 미리 걱정한다고 해서 온종일 온갖 병원 기계를 집에 들여놓고 수시로 검사할 수는 없으니까요. 나이에 맞게 또는 증상에 맞게 제때 맞춰 진료와 검진을 소홀히 하지 않고 살아가는 것만 해도 충분하지 않을까요.

우리가 미래에 갖고 싶어 하는 것을 제한하는 것은 상상력뿐이다.
-Charles F. Kettering-

불안

한 예능 프로그램에서 배우 이병헌은 우울증과 공황장애를 겪었던 자신의 이야기를 전했습니다. 작품이 한참 흥행하며 파죽지세로 전성기를 달렸고, 오랫동안 짓누르고 억압하던 빚을 모두 해결했을 때, 이제는 엄청 행복할 것이라 생각하는 그 순간 가슴이 '턱'하고 막히며 이 넓은 세상에서 화장실만큼 작은 공간에 혼자 갇힌 느낌이었다고 합니다. 일화로 별생각 없이 평소처럼 비행기에 탔을 땐 숨이 안 쉬어지고 죽을 것 같았다며, 이후 우울증과 공황장애를 진단받았고 '우울증'이라는 건 힘들 때도 찾아올 수 있지만 아주 힘든 시기가 다 지나가고 나서 찾아올 수도 있다는 것을 그때 알았다고 합니다. 그가 겪은 경험에 의하면 본인이 죽을병에 걸렸다고 생각했으며 매 순간 자신이 죽는 느낌이었다고 합니다. 매일 눈 뜨는 일이 괴로워 '왜 내가 눈을 떴지' 하며 본인의 인생에 있어서 가장 힘들었던 시기라고 표현했습니다.

생각해보면 삶에 있어서 더 나은 방향은 꾸준히 지키지 못할 거라면 처음부터 불행을 수반하며 사는 것일지도 모르겠습니다. 내가 지켜내지 못할 횡재를 한번 경험하는 일은 자칫하면 계속 나를 거기에 머물게 하고 속박되게 만들거든요. 도박의 중독에 빠져 헤어 나오지 못하는 사람들처럼 말이에요.

저는 지켜야만 합니다. 이 행복을, 이 사람들을, 이 감정을 오래 간직하고 싶어서 더 불안하기도 합니다. 내가 이루고 싶은 것을 이뤄내지 못할까 봐, 내가 마땅히 해야 할 일들을 아직 해내지 못한 건 아닐까 싶은 마음에…. 늘 불안합니다. 내 사람들을 지키지 못할까 봐, 혹시나 잃을까 봐 겁이 납니다. 때로는 날을 세우기도 하고, 때로는 무너지기도 합니다. 하지만 저는 늘 독해질 것을 다짐합니다. 내가 가진 것들과 지켜야 할 존재들이 있으므로 인생은 늘 더 많이 가질수록 불안하고 더 많이 가진 사람이 행복을 더 멀리하게 되는 건 아닐까 싶은 생각도 해봅니다. 왜, 그런 말이 있잖아요. 잃을 게 없는 사람이 가장 무섭다는 말.

하지만 우리, 반대로 가진 것에 감사하다는 생각을 하고 그만큼 더 많이 웃고 행복할 수 있었으면 좋겠습니다.

걱정 내려놓기

생각이 필연적으로 많은 사람이라 우울한 생각에 이르기에 십상이었다. 꼼꼼하고 섬세한 성격이라 늘 내 생각이 지나는 길목에는 부정적인 생각들마저 빠질 수 없는 단상이었다. 조울증, 건강염려증, 강박증, 갖가지 불안 장애, 공황 장애 등 수많은 정신질환 증상에 시달렸지만, 병원에 가기도 싫었고 병원에 가면 완치가 된다는 보장이 없는 것도 싫었다. 나도 나를 완전히 모르는데 의사가 나를 완전히 알 수 없을 거라는 사실도 배제할 수가 없었고, 약이란 일시적인 신경안정제로 일시적인 위안을 줄 뿐이라는 사실에 의존하고 싶지 않았다. 해서 나는 스스로 극복하기로 마음먹었다.

걱정한다고 해서 걱정이 나아진다면 걱정이 없겠다는 말처럼, 걱정도 때로는 피상적인 생각에 불과하다. 무언가를 멍하니 생각하다 보면 아득한 생각에 잠겨 그 걱정들은 결국 큰 불안이 되었고, 내 뇌리에서는 그것을 이미 현실인 것처럼 심각하게 자각하게 되고야 마는 것 같았다.

하지만 많은 의사들의 설명처럼 뇌의 어떠한 기능 이상으로 인해 도파민(dopamine)이나 세로토닌(serotonin)처럼 행복을 담당하는 신경전달물질이 제 기능을 하지 못하고 나의 의지와는 다르게 내 뇌에서 스스로 우울한 호르몬을 내보내고 있을지도 모른다는 생각이 들었다. 그래서 어쩌면, 내가 우울과 불안을 느끼는 모든 상황에서의 생각은 '내 의지만의 문제가 아니라 우울한 호르몬들이 배출되는 것에 이미 익숙해진 내 감정이 부정적인 생각들로 연결되는 건 아닐까' 하는 생각에 극복하기 위해서 택한 방법 중 한 가지는 스스로 마약을 했다는 상상이었다. 순식간에 기분이 좋아져서 뭐든지 할 수 있을 것 같다는 그 기분. 그 기분을 한 번 맛본 사람들은 다시 정상으로 돌아왔을 때 우울감과 계속 싸워야만 한단다. 그래서 자꾸만 그 기분을 다시 되찾으려 단 약을 하지 못하고 참고 버티다가 다시 약에 손을 대게 되며, 약에서 깨고 나면 또 한 번 절망한댔다. '나는 이렇게 평생 약을 끊을 수 없는 사람이구나.' 평생 약에 의존해야 한다는 사실이 끝내 삶을 포기하고 싶다는 결론에 이른다고 하였다.

그렇게 강력한 중독성을 가질 만큼 큰 자신감과 행복이라면 나는 마약을 안 해도 한 사람처럼 살기로 했다. 뭐든지 할 수 있을 것 같은 막연한 자신감, 밑도 끝도 없는 기분 좋은 상상, 마구잡이로 긍정적인 생각을 하기로 했다. 내가 어떤 생각을 하느냐에 따라 내 기분이 결정되고 그 기분은 태도로 직결된다. 생각은 아무리 해도 아무것도 남지 않지만, 행동은 결과를 만든다. 하지만 좋은 생각을 하면 좋은 기분이 남고, 나쁜 생각을 하면 나쁜 기분이 남는다. 그리고 기분으로 하는 행동이 결과를 만들어가는 것이다. 그저 생각만 해보았을 뿐인데, 그 생각은 부지불식간에 내 기분에 영향을 미친다. 나는 마약쟁이로 살기로 하였다. 스스로 만든 마약으로. 우울한 건 싫으니까.

생각은 기분을 남기고 기분은 행동을 만든다.
그리고 행동은 결과를 낳는다.

무미건조한 상상력보다 끔찍한 것은 없다.
-요한 볼프강 폰 괴테-

착각

나에게는 남동생이 하나 있다. 나와는 두 살 터울이 나지만 그는 우람한 덩치와 풍만한 체구에 맞게 곰처럼 순하고 둔하다. 제법 장성한 나이임에도 불구하고 사치와 향락은커녕 옷 한 벌 선뜻 사 입는 모습을 보기 힘들며 여자 친구를 한번 사귀는 모습을 본 적이 없다. 때로는 장점이 많은 순한 아들로 보이지만, 때로는 어딘가 미숙하고 어수룩하고 둔한 아들로 보이기에 부모님께서 제법 걱정이 많으신 편이다.

반대로 난 동생과는 다르게 욕심도 많고 당돌하며 내 주장과 뜻을 펼칠 줄 알기에 제법 어릴 때부터 야무지다는 말을 들으며 살아왔다. 그렇기에 난, 늘 부모님께 동생보다는 내가 조금 더 의지가 되지 않을까. 동생보다는 내가 부모님께 덜 걱정을 끼쳐드리지 않을까 하는 마음이 있었다. 내게 조금 더 기대가 크실 만큼 내가 조금은 더 소중하지 않을까 하는 생각을 했었다.

하지만 그건 어디까지나 내 착각이었을지도 모른다. 열 손가락 깨물어 안 아픈 손가락 없듯이, 동생은 동생 나름대로. 나는 내 나름대로 부모님께 눈에 넣어도 안 아플 소중한 자식일 거다. 오히려 욕심 많고 까다로운 나보다는 순하고 착한 동생이 때로는 더 듬직하고 의지가 되지 않을까 싶은 생각을 한다.

우리는 살면서 꽤 많은 착각을 한다. 내가 더 나은 사람일 거라는 착각, 그 사람이 나보다 우월할 거라는 착각, 그의 삶이 나보다 더 행복할 거라는 착각. 같은 공간에 있으니 나란히 한다는 착각, 내가 괜찮으니 상대방도 괜찮을 거라는 착각.

세상 경험이 부족한 이들이
가장 쉽게 저지르는 실수 중 하나는
하나를 아는데도 셋을 안다고 착각하는 것이다.
-퐁텐느-

성공한 삶

여러분에게 성공한 삶이란, 어떤 기준을 충족할까요? 많은 부(富) 또는 명예, 권력, 사랑, 가족, 건강, 친구 등…. 저마다의 기준이 존재하기 마련이겠지요. 저는 최근에 성공이라는 단어의 뜻을 다시 생각하게 되었습니다.

어느 날 저희 어머니께서 제게 이런 물음을 던지셨어요. "딸아, 너는 나이를 먹는 게 싫니?" 당연한 얘기겠지만, 저는 싫다고 대답했어요. 그러자 어머니께서 "엄마도 지금보다 좀 더 젊을 때는 한 살, 한 살 나이 먹는 게 그렇게도 싫었어. 세월이 무서웠거든, 그런데 이제 와 생각해보니 너무 고마워해야 하는 일인 거야. 아픈 사람은 아픈데도 1년을 더 살아줘서 고맙고, 고통받는 사람은 1년을 잘 참고 버티어줘서 고맙고, 외로운 사람도, 슬픈 사람도. 우리 모두가 한 해를 잘 보내고 1년이라는 선물을 받은 거나 다름이 없어. 우리는 1살이라는 나이의 숫자를 생각하면 안 되는 거야. 1년이라는 시간은 그 시간만큼 인품과 세월을 알려주잖아."

성공이란, 누군가에게는 삶의 하루일 수도 있고. 누군가에게는 경제력. 누군가에게는 사랑하는 사람과의 여생이 될 수도 있겠지요. 누구나 각기 다른 저마다 성공의 기준과 높이가 있겠지만 우리, 너무 허덕이며 살아가지는 말아요. 모두에게 동일한 출발선과 모두에게 동일한 도착지가 주어진 삶이 아니니, 애초부터 성공이란 그저 허황된 '자신의 위안', '자기만족' 즈음일 지도 모르겠다는 생각이 들었어요. 결국 본질은 자신의 삶에 대한 충족이나 만족이니, 자신을 애써 힘들게 하면서까지 얻는 성공은 결국 성공한 삶이 아닐지도 모르잖아요.

저는 가장 낮은 곳에서부터 올라가는 사람들을 아주 좋아합니다. 출발선부터 높은 곳에서 태어난 사람은 불행한 일입니다. 더 올라설 곳이 많지 않으니 도태되기가 쉽고, 긴 인생에서 오를 곳보다 내려갈 곳이 더 많다는 일이 얼마나 불행한 일일까요.

가장 보통의 사람이, 가장 성공한 사람이었다.

나빴는데 어떻게 추억이래

좋았으면 추억이고, 나빴으면 경험이라는 얘기가 있다. '나쁜 기억을 잊고 싶어도 깊이 파인 상처가 된 사건을 어떻게 추억이래? 나쁘게 경험이라는 얘기를 누가 감히 쉽게 하는 거야?'

나빴으면 경험이 될 수 없다. 나쁜 일은 분명 자아나 자존감 형성에 지대한 영향을 미쳤을 거다. 정신과에서는 흔히 본인이 감당할 수 없는 큰 충격과 트라우마로 인한 심리적 고통에 시달리는 이들에게 '외상 후 스트레스 증후군' 일명 PTSD(post-traumatic stress disorder)에 대한 진단을 내리곤 한다. 내가 심한 사고나 어떤 큰 재해를 당한 것도 아닌데, 누군가에게 당한 배신, 언젠가 의도치 않게 받았던 충격과 상처 등에 대한 기억도 외상이라고 볼 수 있으며 그로 인한 '외상 후 스트레스 장애'가 생길 수도 있다는 이야기이다.

하지만 태어나서 한평생 살아가는 동안에 아무런 사건 사고도 일어나지 않고, 단 한 번도 상처 입지 않은 채 행복하고 안전하기만 한 인생은 극히 드물 것이다. 행복과 안전은 당연하게 주어지는 일이 아니기에….

나빴으면 경험이라는 말을 믿기 어려워도 어쨌거나 살아있다면 된 거다. 살아있는 한 모든 피와 살과 마음은 재생되기 마련이니까. 포기하기보다는 재생하는 사람으로 살아가기를 바라는 마음으로 하는 말일 것이다. 상처는 언젠가 아물기 마련이고, 기억은 미화되기 마련이니.

본인 스스로 살아가기 위한 최소한의 대처 방법을 만들어 나가야 한다. 역설적으로 나쁜 경험은 때로 원동력이 되어주기도 한다. 원망의 대상이나 질투의 대상, 미워하거나 지독히도 싫어하는 존재를 자극체로 삼아 열심히 살아갈 인생의 원동력으로 만들어가자. 흙탕물에서도 연꽃은 피는 법이니까.

나잇값

"저 사람은 저 나이에 왜 저러고 다니지. 으, 정말 별로다."

살다 보면 마주하는 이들 중에, 눈살을 찌푸려지게 하는 사람들이 있어요. 나보다 윗사람일 수도 있고, 아랫사람일 수도 있지만 그냥 그 사람의 행동거지를 보는 것만으로도 좋지 않게 생각하게 되는 경우가 더러 있더라고요.

그런데 어느 날 가만히 들여다보니 그들의 행동이 얼핏 나이에 걸맞지 않을 때는 다 그만한 이유가 있더라고요. 그분들은 지금보다 아름다웠을 젊은 날에 적당한 때에 누려야 할 것들을 누리지 못하신 거였어요. 그럼 어쩌겠어요. 밥때가 늦었다고 굶는 건 아니잖아요. 늦게라도 먹어야지. 각자 저마다 누려야 하고 누리고 싶은 것들이 있었을 텐데, 그때 누리지 못한 분들이 나중에라도 누리고 계신 거라 생각하기로 했습니다.

그래서 이제는 나이에 맞게 하고 살아야 한다는 고정관념을 버렸습니다. 왜 나이에 맞게 살아야 되나요. 내가 누리지 못한 것을 이제라도 누리며 살아갈 수도 있는 거지. 생각해보면 저도, 나이에 맞는 사람은 아닌 것 같습니다. 나이에 맞게 살아야 한다는 관념은 누군가 정해놓은 것처럼 그 나이를 갖게 된 만큼 그에 맞는 언행, 행색, 태도, 말 한마디마저도 마치 정해진 것처럼 하게끔 합니다.

제 마음 편히 행동하고 살기에는 고개를 들지 못하도록 무언가가 짓눌러옵니다. 때문에, 어쩌면 우린 아직은 다 여물지도 못한 채 서둘러 밖으로 쫓겨난 사람처럼 그러한 어른이 되었을지도 모릅니다.

**나이는 가늠의 수단일 뿐,
증명의 수단이 아닙니다.**

행복

행복은 어느 날 갑자기 창문을 깨고 들어오지 않는다. 상황이 아무리 나아져도 이미 뿌리 깊게 자리 잡은 부정적인 사상과 염세적인 관념은 쉽게 바꿀 수 없는 것이 된다. 따라서 원하던 일을 이루었거나 갑자기 횡재를 한다고 해도 이내 곧 염세적이고 회의적인 부정적 인생관에 시달릴 확률이 높게 된다. 생각이라는 건 도랑과 같아서 이미 길이 난 곳으로 생각이 자꾸 흐르는 것이 반복된다고 하였다.

상황이 좋지 않았고, 이미 좌절을 맛보았으니 나는 늘 나를 의심하고, 남을 의심했고, 상황을 우선 부정적이고 비관적으로 바라봤다. 누군가는 긍정이 합리화이고 자기 위로밖엔 되지 않으며 있는 그대로의 부정적인 현실을 직시하는 것이 객관적이라고 한다. 하지만 부정적인 생각은 물에 젖은 천에 퍼지는 물감과 같아서 아주 작은 한

방울만 떨어뜨려도 금세 삽시간에 사방으로 퍼졌고, 그 부정의 얼룩을 지우기란 여간 쉽지 않은 일이다. 부정적인 삶은 절대 긍정적으로 나아갈 수도 쉽게 긍정적인 생각을 하기도 어려워 긍정적인 결과를 도출해내기 더 어려울 것이다. 긍정적인 생각은 말의 안장 위에 앉아 말의 엉덩이를 때려주는 일과 같았다. 잠시라도 쉬면 떨어질 것처럼 불안했고, 계속해서 엉덩이를 쳐줘야만 했다. 긍정적으로 생각하기 위해서 계속 반복해서 채찍질해야만 했다.

긍정적인 생각이 어렵다면, 그냥 아무 생각을 하지 않도록 하자. 그냥 생각 없이 배고프면 밥을 먹고, 보고 싶은 사람을 만나며, 듣고 싶은 음악을 듣고, 재미있어 보이는 영화를 보라. 이룰 수 없으면 포기하는 법을 배우고, 목표가 있다면 모든 잡념은 버리고 열심히 말고 부지런히 해나가자. 열심히는 때로 사람을 더 지치게 만들기도 하니까. 남들과 속도를 맞추지 말고 나 자신의 속도에 맞추자. 돈과 행운은 남이 가져다줄 수 있을지 몰라도, 내가 느끼는 행복은 나 스스로가 아니면 그 누구도 가져다줄 수 없으니.

적당함의 미덕

 좋아하는 음식이 있다면 배가 터지도록 먹어야 '이제야 좀 먹은 것 같군' 하고 생각하며 좋아하는 게 생긴다면 진이 다 빠지도록 영혼을 태우던 제가 이제는 적당함을 추구합니다. 일전에 좋아하던 피아노곡이 있었는데, 너무 좋아하는 음악이다 보니 직접 연주하고 싶어져 열심히 연습했습니다. 듣고 또 들어도 질리지 않던 곡이 제가 직접 연습해서 연주하게 되면서 그 곡의 묘미를 잃었습니다. 자꾸만 다른 사람이 연주한 곡을 듣더라도, 박자를 헤아리게 되고 내가 연주하는 스타일과 비교하게 되고… 그 음악을 연주하기 위한 기술력에 집중하다 보니 그 음악을 들었을 때 느끼던 감동이 사라졌습니다.

 과한 것을 싫어하게 되었습니다. 저는 뭐든지 100%보다는 조금 모자란 것을 선호합니다. 아무리 좋아하던 일도 과하게 하면 흥미를 잃거나, 지겨워지기 마련이니까요. 반대로 좋아하는 것을 아예 포기하지 않습니다. 예를 들면 컴퓨터 게임이 좋은데 공부를 위해서 컴퓨터 게임을 아예 끊고 살지는 않는 것이죠. 공부가 힘들면 게임을 하고 차라리 '아, 나 또 공부 안 했다. 어떡하지' 하며 자책하는 편이 낫습니다. 좋아하는 걸 아예 포기해버리면 우울해질 확률이 높아지거든요. 그래서 저는 1분 1초를 헛되이 보내지 않아야만 하는 수험생이지만, 하루 중에 일부러라도 오락적인 시간을 갖는 수험생이 되었습니다. 내가 무언가에 의미 없는 시간을 방탕하게 보냈으니, 남은 하루를 더 열심히 살아야 할 것만 같거든요.

수많은 우울증 환자들을 대하고, 치료해주며 완치율이 높기로 유명한 한 정신과 의사는 어느 날 갑자기 우울증이 찾아왔다고 합니다. 극심한 우울증으로 인해 휴직하고 집에서 매일 '내가 이러다 죽는 건 아닐까', '내가 앞으로 다시 정상적으로 살아갈 수 있을까' 하는 생각들에 휩싸여 힘겹게 버티고 있었습니다. 생각해보니 그녀는 자기의 업무를 위해 늘 바쁜 시간에 쫓기며 살았다고 합니다. 출근을 위해서 빠르게 샤워하고, 대충 밥을 먹고, 빠르게 일터에 도착하고는 했습니다. 그렇게 그녀는 자신의 사랑하는 일에 있어서 인정받는 사람이 되었지만, 오히려 그 좋아하던 일도 할 수 없는 지경에 이르렀다니. 상황의 심각성을 느낀 그녀는 우울증을 극복해야겠다는 의지를 다졌습니다. 그렇게 그녀가 찾은 방법은 사소한 것의 재미를 느끼는 데에 집중하는 거였어요.

그녀는 평소 늘 바쁘게 샤워하다 보니 물의 온도가 어땠는지, 그날 먹은 점심의 메뉴가 뭐였는지, 맛은 어땠는지를 느끼지도 못하고 잊으며 살아왔다고 합니다. 그래서 그녀는 하나부터 차근차근 느껴가기로 합니다. 물의 온도가 따뜻한 것에 잠시나마 기분이 좋다는 것을 마음껏 느꼈고, 좋아하는 음식의 맛을 음미해보고, 영화를 보는 것, 클래식 음악을 듣는 것 하나까지도 일상에서 당연하다 느끼며 지나치던 것들을 하나하나 깊게 느끼는 데에 집중하도록 했다고 합니다. 그 결과, 그녀는 우울증을 완치하였고 더 건강한 모습으로 많은 환자를 치유해줄 수 있었습니다.

우리는 어쩌면 사소한 것을 많이 잊고 살아가는지도 모릅니다. 큰 기쁨이나 행운을 바라는 데에 치우쳐 살다 보면 내 앞에 놓인 수많은 행복과 사소한 기쁨들을 버리며 살아갈지도 몰라요. 행복에 있어 사소한 것이 깨지는 순간, 큰 불행이 시작되는 것일지도 모릅니다. 사소한 행복을 모르고 지나칠 때, 모든 것은 당연하다고 간과하는 순간 흔들리기 시작합니다. 세상에 당연한 것은 아무것도 없잖아요. 내가 숨을 쉬는 이 순간조차도.

잠시지만 기분 좋은 생각을 하면 긍정적인 영향을 끼치게 됩니다. 잠시라도 나쁜 기분을 가진다면 부정적인 감정과 생각에 영향을 줍니다.

그러니 우리 순간순간의 아름다움을

이 순간의 행복을

놓치지 않고 살아가기를 바라요.

배부른 철학, 가난한 핑계

"가난한 사람이 하는 삶의 고찰은 그저 실패한
루저의 핑계이자 위안이며 부와 명예를 축적한 사람이
하는 얘기는 개소리도 명언이 된다."

어쩌면 처음부터 철학과 가난은 어울리지 않았을까요. 생각해보면 톨스토이는 백작 가문에서 태어난 인물이었고, 몽테뉴는 유복한 집안에서 꽤나 남부러울 것 없이 살았던 인물입니다. 명상록을 남긴 마르쿠스는 황제였습니다. 어떤 이들은 범죄를 저질렀어도 회개하는 모습으로서 철학이 되고 명언이 되었습니다.

에둘러, 진리는 윗사람들로부터 설파되는 것은 아닐까요. 명작이 되려면 알려져야 하고 알려지려면 힘이 있어야 하는 것일지도 모르겠어요. 알아주는 이 없고 듣는 이 없다면 제아무리 잘난 보석이라도 빛나게 한번 닦아내지 못하고 흙 속으로 사라졌을지도 모르는 일일 테니까요.

얼마 전 티비에서 유아인이 나오는 프로를 보고 있었어요. 혼자 살고 있는 집을 리얼리티로 보여주는 프로였는데, 화면 속 그는 집을 정리하지도, 온전하게 먹지도, 온전하게 영화를 시청하지도, 어느 것 하나 완전하게 끝마치지 못하는 모습을 보였습니다. 그러고는 이어 "예전엔 더 큰 집으로 이사할 때마다, 신발장에 명품이나 비싼 신발들을 하나하나 수집할 때마다 나 좀 잘살고 있구나. 뿌듯하고 행복했었다. 그런데 그렇게 조금 더, 좀 더 넓은 집으로 이사하고 신발장에 신발은 감당할 수 없이 많아지자 더 이상 그 어떤 것으로도 채울 수 없는 공허함이 생겼다."라는 말을 했습니다. 이제는 물건을 정리하고 싶어도 손 쓸 수가 없을 정도로 많아져서 버리지도 못하고 사용하지도 않는, 그저 자신을 옭아매고 답답하게 만드는 버거운 짐이 된 것은 아닐까요.

전 그만큼 가져본 적도, 그의 반의반이라도 넓은 집을 가져본 적도 없습니다. 그러나 불행인지 다행인지 모르게도 저는 그의 말이 가슴 깊이 와 닿았습니다. '맞아, 나도 신발이나 명품 참 좋아했는데. 그것 하나를 가졌을 때 누리는 쾌감과 쟁취 감은 정말 달콤하지. 괜히 내가 뭔가 좀 된 것 같고. 나 그래도 꽤 괜찮은 사람, 잘 사는 사람 같고 말이야. 그런데 어느 순간 그것들이 감당할 수 없이 너무 많아진다면, 그것은 그냥 허영에 불과한 허상이지 않을까, 어차피 온전히 나를 위한 욕구이고 나를 위한 만족이라면 결국은 나를 채워주지 못할 것들에 지나친 욕심을 부릴 필요가 있을까.' 이처럼 뭐든지 적당히 취해야 희열이 되고, 기쁨이 됩니다. 추위에 떨어본 자만이 태양 빛의 따스함을 느낄 줄 알고 만족이 지나치면 그건 일상일 뿐 행복이 될 수 없습니다. 만족은 부족에서 파생되는 의미이지 만족 그 자체로 존재할 수는 없습니다. 지나친 흥미는 분명 흥미가 될 수 없으니 말이에요.

우리는 이러한 얘기를 배운 사람이 하면 고지식한 소리, 나이 든 사람이 하면 고리타분한 소리, 가난한 사람이 하는 얘기는 잘 와닿지 않는 핑곗거리 또는 자기합리화로 치부하고는 합니다. 그러면서도 성공한 사람이 하는 말이라면, 공유해놓고 새기기도 하지요.

꼭 산 정상에 올라서 봐야 그곳의 공기가 희박함을 알까요. 올라서 보지 않고도 깨닫는다면 충분히 행복하게 살 수 있을 텐데요. 굳이 힘겹게 애써 올라가 보지 않고도 깨달을 수 있다면 충분히 내가 선 자리에서 내가 누릴 수 있는 행복을 만끽하며 질 높은 삶을 살아갈 수도 있는 오늘일 텐데. 요행을 바란다면 그러한 요행도 나쁘지만은 않을 텐데 말이에요. 편하게 조금씩 취할 수 있는 목표라면 쟁취하는 편이 좋겠지만, 높이 올려다봐야 하는 목표라면 시선을 좀 낮춰 편안한 곳을 바라보며 스스로를 조금 덜 괴롭게 하는 건 어떨까요.

꼭 산 정상에 올라 봐야 그곳의 공기가 희박함을 알까요,
올라서 보지 않고도 깨달을 수 있는 사람들이 있음을.

당신이라는 나무를

 사람은 감정을 기억하는 게 아니라 '그때, 그 일' 즉, 어떠한 사건을 기억한다. 그 당시의 감정이 아닌 그때의 일을 기억하는 것이다.

 어쩌면 시시때때로 변화하는 감정이란 인간이 가진 심리 중 가장 미천한 최하위 요소에 불과할지도 모른다. 감정은 순간뿐이라서 지나치고 나면 잊히기 마련이다. 화나는 감정을 잔뜩 안고서 잠에 들었을 때 일어난 후의 감정은 잠시나마 제로가 된다. 제로에서 다시 출발하는 것이다. 하지만 어제의 그 기분 나쁜 '일, 또는 사건'을 떠올리는 순간 즉시 어제의 나쁜 감정이 다시 되살아나, 오늘 하루의 기분도 나쁜 감정에서 출발하게 되는 것이다. 어제의 기분 나쁜 일을 상기시킴으로써 화나는 감정을 계속 끌어내는 것이다.

 삶을 길게 봤을 때도 마찬가지다. 나의 인생에 있어서 절대적인 부정적 감정을 주는 사건을 자꾸만 회자시킴으로써 내 생각과 감정은 자꾸만 부정적이고, 불안해지고, 우울하고, 슬픔으로 바뀐다. 상처를 자꾸만 자극하다가 나중엔 자신의 일부처럼 안고 살아가는 인생을 살게 되는 것이다.

우리는 때때로 나 자신의 감정을 무시해야 할 때가 있다. 이를테면 부당하거나 억울한 일을 당했을 때 분노를 참지 못하면 우발적으로 해서는 안 될 일을 저지를 수도 있다. 또는 막연히 우울한 감정을 느낄 때 쉽게 빠져나오지 못한다면 결국 우울증 환자가 된다. 이처럼 우린 자신에게 이로운 삶을 살아가는 데에 있어서 필수적으로 감정을 배제해야만 한다. 그다음 나에게 아픔과 상처 또는 분노와 충격을 일으키는 '그 사건'을 잊어가는 것이다.

이렇게 말하면 '어떻게 그렇게 쉽게 잊으라는 말을 할 수가 있어?'라고 생각할 수도 있겠지만 꼭 기억해야 할, 인생에 있어서 중요한 사건이 아니라면 혹은 그 사건이 나의 인생에 있어서 암흑기의 시작점이 되거나 아픔, 분노, 우울한 감정을 불러일으키는 사건이라면 그 사건을 되도록 상기하지 않고 잊도록 노력해야만 한다. 물론 쉽진 않겠지만, 감정 버리기와 사건 가지치기는 우리의 인생을 더 완전하게 잘 살아내기 위한 필수적인 과정 중 하나임이 분명할 것이다.

우리 부모님께서 과수원을 운영하시는데 사과나무가 굳건하게 잘 자라고 좋은 열매를 맺는 튼튼한 나무로 키우기 위해서 매년 때 되면 가지치기와 열매 적과를 하신다. 올곧은 나무로 예쁘고 건강하게 자라나라고. 열렸던 열매는 매년 떨어져 새로운 열매를 꽃피우고, 필요 없는 가지들은 쳐내야만 더 튼튼한 나무로 자라난다.

제때 쳐주지 않은 가지는 결국 나무를 웃자라게 하고 튼튼한 나무가 되지 못하며 좋은 열매를 맺을 수 없게 된다. 쓸데없이 많이 열린 열매는 제대로 된 열매 하나를 건지기도 힘든 쓸모없는 나무가 되는 셈이다.

그러니 모두 하나의 예쁜 나무로 굳건히 잘 자리하기 위해서 꼭 가지치기와 열매 적과를 해주었으면 좋겠다.

위로의 방법

 누군가에게 위로란, 그냥 혼자 내버려 두는 것이기도 하고 '괜찮아. 별것 아니야' 이해받는 것만으로 힘이 나기도 하고 같은 처지에서 생각해주는 사람에게 위로를 얻기도 하고 진심 어린 걱정과 격려를 통해 위로받기도 합니다.

 모든 사람은 다 비슷한 감정으로 살아가지만, 반면에 다양한 방식과 생각을 하며 살아갑니다. 따라서 사람은 혼자서는 살아갈 수 없는 동물이면서 혼자서 살아갈 수 있는 존재인 것 같습니다. 누군가가 들려주는 대단한 것 없는 경험 사가 큰 힘이 되기도 하고, 별것 아닌 공감이 값진 위로가 되기도 하기에.

 나와 비슷한 누군가가 존재한다는 사실에 큰 위안을 얻기도 하고, 힘들고 지쳤을 때 상담을 위한 친구와의 긴 통화 끝에 얻는 유대감은 다시 일어설 힘을 얻고, 나와 비슷한 생각을 하는 사람을 만나는 것만으로도 삶이 꽤 즐겁게 느껴지기도 하니까.

나를 위로할 수 있고, 내 방식에 위로를 얻는 누군가가 있다면
그들에게 고마워하며 서로가 서로에게 큰 축복이라 생각해주세요.

자극은 아무나 해줄 수 있지만, 위로는 아무나 해줄 수 없잖아요.

소중한 마음을 지켜 이룰 수 있기를

　제게도 소중히 지키고 싶은 사람들이 있습니다. 단어만으로도, 생각만 해도 눈물짓게 되는 사람들이 있어요. 아버지를 존경해 마지않을 만큼 사랑하기에 꼭 보답해야만 합니다. 어머니를 꼭 지켜드려야만 합니다. 온 힘을 다해 사랑하고, 또 사랑하고 있습니다. 날 위해 많은 것을 내려놓으신 두 분께 그 보답을 꼭 해드려야만 할 것입니다. 저에게도 이런 꿈이 있어요.

　저의 아버지께서는 제가 중학생이던 때 많이 아프셨었어요. 당시의 저는 아버지가 앓고 있는 아픔의 병명이 무엇인지, 앞으로의 살날이 어떤지 가늠을 해보려는 시도조차 할 줄 모르던 어린아이였습니다. 아빠가 아프다는 얘기는 들었지만 깊은 생각은 할 줄 모르던 저는 아버지와 동생과 밥을 먹으러 갔을 때 나와 동생의 물 잔에 물을 따라주시는데, 늘 강하셨던 아버지의 팔이 떨리고 있는 것을 보고는 눈물이 쏟아져 고개를 숙이고 밥을 먹었어요. 애써 감정을 억누르고 아버지와 헤어져 집에 오는 길 골목에 세워진 차 뒤에 숨어서 목 놓아 울었습니다.

저는 알고 있어요. 아버지는 제게 늘 무심한 듯 관대해 시험을 앞둔 제게 늘 "승현아! 그냥 편하게 봐. 이번에 떨어지면 경험했다고 생각하고, 다음에 또 보면 되지."라고 하십니다. 행여 실패한다고 해도, "괜찮다. 그거 좀 잘되면 뭐 좋겠냐. 안되면 다음에 하면 되지. 인연이 아니었나 보다." 하시는 아버지에게 어머니는 실없는 소리를 한다며 핀잔을 주시고는 하지만, 저는 압니다. 제가 잘 해낼 것이라 늘 믿어주시는 두 분이라는 것을요. 행여 제가 되지 않는 시험을 여러 번 치겠다고 우긴대도, 저의 어머니와 아버지는 늘 그러셨듯 덤덤하게 저를 기다려주십니다. 그래서 저는 더 조급합니다. 기다림의 끝이 그저 기다림이 될까 봐, 내가 꼭 지켜야 할 두 분을 지켜드리지 못하게 될까 봐, 보답해야만 하는데 보답하지 못하게 될까 봐. 늘 불안에 시달리며 살아갑니다.

아버지. 당신께서는 여전히 아니 지금보다 더 늙고 약해지시더라도 제게는 늘 세상의 기둥이며 만고강산이십니다.

저도 가끔은, 우리 아가 배는 똥배라며 어린 배를 쓰다듬어주던 엄마의 손길이 사무치게 그립습니다. 아빠 손을 잡고 천진하게 아장아장 땅을 거닐며 세상 이것저것에 호기심 가득한 얼굴로 질문을 하던 때가 그립습니다.

알 수 없는 무언가가 목구멍까지 차오릅니다. 풀리지 않는 일 때문일 지도, 오랜 시간 쌓아온 삶의 생채기 때문일 지도 모르겠습니다. 다 쏟아내어 목 놓아 울어버리고만 싶어요. 그래도 다시 쓴웃음을 삼킵니다. 그리워하거나, 후회하거나, 투정하거나, 울어버린다고. 그런다고 해서 달라질 것 하나 없다는 걸 알기에.

오늘도 나는 울음을 목 끝에서 삼킨 채 어렵사리 잠자리에 들 것입니다. 그리고 내일도 나는 지나간 것들에 애써 미련이 없는 척, 오랜 시간 쌓아온 상처에 무딘 척, 풀리지 않는 일에 무심한 척 하루를 살아갈 겁니다.

내가 지켜야 할 사람들을 위해서, 내가 꼭 이뤄야 할 목표를 향해서.

선녀와 나무꾼

　나무꾼 같은 아버지는 선녀 옷을 입은 어머니를 사랑하셨습니다. 나무꾼 아버지와 선녀의 옷만 남기고 간 어머니 사이에서 태어난 자식으로 살아왔습니다. 순수하고도 진심 어린 사랑으로 어머니를 사랑하신 아버지는 그 책임감으로 어머니의 남긴 옷가지 같은 저와 제 동생을 평생을 끌어안고 묵묵히 살아오셨지요. 묵묵히 걸어오신 길에 표가 날 만큼 어머니에 대한 끈을 잡아주신 아버지. 말로는 설명할 수 없는 보이지 않는 세상과 현실을 양쪽으로 마주하며 저와 아버지의 곁을 지켜주시는 어머니. 이 두 분은 제게 곧 세상이고 전부입니다.

　저의 어머니는 '무속인'입니다. 즉 무녀입니다. 제가 8살일 때, 어머니는 '신의 제자의 길'을 가게 되셨지요. 저는 알 수가 없었습니다.

아무것도 모르는 천진한 저는 형형색색의 한복을 차려입고, 장구와 북 그리고 징을 두드리며 축원문(일종의 기도문)을 외시는 어머니의 모습을 익숙하게 보며 자랐습니다. 저의 유년 시절 어머니의 모습은 흔한 앞치마를 두르고 저녁밥을 차려주시며 책상 앞에 앉아 숙제를 검사해주시는 어머니가 아니셨습니다.

제가 자라면서 이야기가 조금은 달라졌어요. 저와 아버지는 꽤 이성적이고 현실적인 편입니다. '보이지 않는 걸 믿어야 하나?' 그런데 보이는 것이 없다며 모든 걸 부정하자니 그럼 저의 어머니는 이상한 사람인 걸까요? 제가 보는 저희 어머니는 지극히 평범하고 흔한 여자이며, 아줌마입니다. 그런 어머니를 두고 현실과 이성적이라며 어머니를 무시한다면 그건 어쩌면 저와 아버지의 오만과 편견일지도 모른다고 생각합니다. 물론, 저와 아버지께 소홀하셨고, 학창 시절 저를 훈육하셨던 당신의 무자비함과 교육법의 무지함에 대해선 지금도 두고두고 후회하신다고 말씀하십니다.

나무꾼처럼 평생을 성실하고 부지런히 살아오신 제 아버지는 제게 바라만 봐도 좋은, 웃음이 절로 나는 사람입니다. 존재 자체만으로 제게는 삶의 원동력이 되고, 힘이 나고. 열심히 그리고 더 잘 살고 싶어집니다. 아버지, 당신께서는 어째서 제게 한 번을 화를 내보시지 않으셨을까요. 당신께서는 한없는 희생과 사랑을 주시면서도 제게서는 여태 가져가시는 것이 없으실까요. 아버지의 사랑에 보답할 수 있는 길이라면 제가 할 수 있는 모든 최선을 다한 인생을 살아드리리라 각오합니다. 아버지께서 바라신다면 기꺼이 행복한 삶을 살아드리리라 다짐합니다.

어쩌면, 평범하다면 평범한 가정이고. 유별나다면 유별날 수 있는 특별함이지만, 저는 이만큼 잘 살았습니다. 나무꾼 같은 아버지의 우직함과 선녀 옷을 입은 어머니의 자식으로 잘 키워주셨습니다. 남들이 이해하지 못한 대도 괜찮습니다. 저는 어머니를 이해합니다. 저는 아버지를 존경합니다.

나이가 들어감에 따라 약해지시는 두 분을 제가 꼭 지켜드리리라 다짐합니다. 저의 삶을 여태껏 거두어주신 두 분께, 두 분의 남은 평생은 제가 책임질 것을 각오합니다.

조금 더뎌도 괜찮고, 느려도 괜찮고, 남들과 나란히 할 수 없더라도 괜찮습니다. 저는 아버지와 어머니를 생각하는 마음으로 원하시는 길을 제 길 삼아 가겠습니다. 그 길의 끝에서 웃고 계실 두 분을 생각하며 오늘도 알아주는 이 없는 외길을 걸어가지만, 전혀 쓸쓸하거나 홀로 걷는 외로운 길이라고 생각하지는 않습니다.

 이내 마음이 하늘의 별에 닿는 날이 오기를. 내가 원하고 꿈꾸는 목표에 도달하는 날이 오기를. 꼭 이루어 내가 지켜드리고 싶은 두 분께, 내가 그려놓은 그 꿈속 풍경에 두 분의 의자를 마련해놓고 그 꿈길을 따라 걸어갑니다. 어서 와 앉으시기를 고대하며 말이에요.

사랑스러운 사람아

얼마 전 뜬금없이 길을 걷다 우연히 눈에 띈 공모전 현수막을 보고선 막연히 시나리오 공모전에 지원하고 싶다며 몇 날 며칠 밤낮으로 시나리오에 매진했습니다.

밥숟가락을 놓으면 자기 전까지 종일 컴퓨터 앞에 앉아서 작업하는 저를 보며 어머니는 연신 쉬었다 하라며 걱정하셨고, 늦게 자고 늦게 일어나는 생활을 무척이나 싫어하시는 우리 아버지는 정오까지 밤새우고 이제야 마감했다는 저에게 웃으며 고생했다고 다정한 미소와 위로의 말을 건네셨습니다.

내 나이는 절대 어리지 않을 만큼 늘어났기에 시집을 가라고 재촉하셔도 이상하지 않고, 변변한 직장 하나 없다며 타박을 하신다고 해도 이상하지 않을 일인데. 이제껏 단 한 번도 부모님께서는 제게

편잔을 주시지 않으셨습니다. 아직도 저를 성장기 어린이처럼 이제 막 걸음마를 떼고 말을 배우는 아기처럼 무언가 하나하나를 시도하거나 배우거나 도전해나갈 때마다 박수를 치며 웃어주시고 응원해주시는 내 어머니, 아버지.

그런 어머니 아버지를 생각하면 발끝에서부터 목 끝까지 뜨거워지는 마음을 느낍니다. 강압적으로 배워나가는 것이 아닌, 스스로 깨우쳐 나가도록 방임이 아닌 자유를 주며 주입식 습득이 아닌 스스로 터득을 가르쳐주시는 제 부모님 덕분에 나는 오늘도 아무것도 없지만 그렇기에 더더욱 살아갈 이유가 가득하고 내 삶은 충만합니다.

우리는 늘 말합니다. 초등학교 다닐 때가 좋았다고, 중학교 때가 좋았다고, 고등학교 때가 행복했다고, 젊을 때가 좋았다고 말입니다. 역설적으로 우린 늘 좋을 때를 살고 있는 지금일지도 모릅니다. 오은영 박사님이 나오는 한 프로그램에서 그녀는 이렇게 말합니다. "우리가 어린 시절이 행복했다고 회상하는 이유는 아이들은 스스로가 하는 모든 행동에 스스로 자부심을 느낍니다."

그러니 당신, 존재만으로도 소중한 사람아.
오늘 하루도 이렇게 당신을 바라볼 수 있음에
행복한 이들이 분명 존재할 테니,

매일 하루를 처음 눈 뜬 신생아처럼,
상처받은 적 없는 사람처럼
그렇게 살아갔으면 해.

EPILOGUE

 우울해서 펜을 잡았다. 펜을 잡아서 우울해진 걸까. 이제는 나도 헷갈렸다. 우울을 깊이 탐닉하며 우울 속에서 마음껏 허덕였다. 감히 형언하건대, 예술의 시작은 우울일지도 모르겠다는 생각이 들었다. 우울은 곧 탐닉이고, 탐닉은 곧 우울이 되었다. 아주 작은 탐닉일지라도 탐닉은 곧 우울을 만들어냈다. 그리고 그 우울은 인간만이 가질 수 있는 심미적인 행위일 것이다. 어쩌면, 우울과 탐닉은 그 자체로 예술일지도 모르겠다.

 가장 보통의 사람이 감히 형용할 수 없는 설렘으로 타인을 위로하는 입장에 서자니, 스스로를 탐닉하기에 이르렀다. 나는 어떤 사람일까. 나는 누구일까, 나는 무엇을 이루었으며 무엇을 위해 사는가,

결말에 도달하자 비로소 나는 더욱이 살고 싶어졌다. 이룬 것이 없다는 사실이 나를 더욱더 살고 싶게 했다. 차라리 가진 것 없는 삶이라며 그저 하루를 방탕히 고단한 삶이 끝나기를 기도하는 이들이 부러워졌다. 부정적인 말은 부정적이라서 싫어했고 긍정적인 말은 위선적이라며 싫어했다. 힘내라는 말에 기대기에는 가벼워서 싫었고 괜찮다는 말에 기대기에는 나약해질까 두려웠다.

내가 어릴 땐 유명한 칼럼니스트들이 내뱉는 연애나 인생에 대한 한마디 한마디가 주옥같았다. '저 어른들은 정말 멋진 어른들이구나. 분명 그만큼 멋진 어른의 삶을 살고 있겠지.' 동경하며 그들을 바라보았다. 어쩌다 보니 지금 나도 타인이 나의 말에 귀를 기울여주고, 나의 이야기에 작은 찬사라도 보내오는 위치에 섰다. 난 그저 살아내면서 겪은 경험들로 얻어낸 내 생각을 내뱉었을 뿐인데, 내가 내뱉은 작은 한마디에 크게 공감해주는 사람들이 생겨났다. 대단해 보이지만, 대단한 것 없는 사람이다. 아주 하찮은. 나는 오늘도 불안하고, 나는 아직도 불완전한 어른이지만, 그들과 다른 점은 하루라도 앞을 걸었고, 한 가지라도 먼저 경험했기 때문일 것이다.

혜안은 처음부터 가지는 것이 아니라 많은 현상을 보고 비교하며 차츰차츰 만들어가는 거였고, 지혜는 타고나는 것이 아니라 많은 경험과 생각 끝에 다듬어지는 것이었다. 그런 의미에서 나보다 앞선 인생을 살아낸 모든 부모님과 단 하루라도 먼저 태어나 앞을 걸어가는 모든 어른에게 경의를 표하고 싶다.

"비록 특별하지 않은 삶일지라도,

소중하지 않은 삶은 단 하나도 없어."

세상에 소중하지 않은 삶은 단 하나도 없다

초판 발행	|	2022년 02월 18일
초판 인쇄	|	2022년 02월 21일

글	|	남궁승현
펴낸곳	|	Deep&Wide
발행인	|	신하영 이현중
편집	|	신하영 이현중
도서기획	|	신하영 이현중
주소	|	서울특별시 마포구 성미산로1길 21 사울빌딩 302호
이메일	|	deepwidethink@naver.com
ISBN	|	979-11-91369-23-6

ⓒDeep&Wide 2022

파본은 구입하신 서점에서 교환해 드립니다.
이 책은 저작권법에 의하여 보호를 받는저작물이므로 무단 전재와 복재를 금합니다.